法改正」の真実

樋口陽一
Higuchi Yoichi
小林 節
Kobayashi Setsu

a pilot of wisdom

はじめに――なぜ、われわれ二人なのか

樋口　なぜ、われわれ二人がこうして語り合おうとしているのかということについて、最初にはっきりさせておきましょう。異常な法秩序に突入したこの状況と、その状況下で成されようとしている憲法改正を、法の専門家である私たちが、黙って見過ごすわけにはいかないからです。

小林　はい。二〇一五年九月一九日の未明をもって、日本の社会は異常な状態に突入しました。この日、可決した平和安全法制整備法と国際平和支援法、そう名づけられた戦争法案は、明白に憲法に違反しています。

この違憲立法によって、最高法規である憲法が否定されてしまった。今回、日本の戦後史上はじめて、権力者による憲法破壊が行われたわけです。

私たち日本人は、今までとは違う社会、異常な法秩序のなかに生きている。

そして今度は、憲法を否定した当の権力者が、憲法を改正しようとしている。この事実を私たちは深く受け止め、この状況をいかに打破するかを考えなくてはなりません。

樋口　立憲主義の破壊という事態がいかに深刻なものなのか。つまりは国の根幹が破壊されつつあるのです。

今回の安保法制は、自国の議会で議論をはじめるより先に、安倍晋三首相がアメリカ合衆国の議会で「夏までに成立させる」という約束をしてきたものです。主権者・国民の前で議論をはじめる前にアメリカに対して法の成立を誓って帰ってきた。このこと一つとっても、立憲主義とともに民主主義も死んでいる。

小林　おっしゃるとおりです。

樋口　今回、小林先生と議論することになる〈立憲・民主・平和〉のこの三つが、いつでも予定調和するわけではありません。

ナチスは大衆の喝采《かっさい》を動員し、〈民主〉をもって〈立憲〉にトドメを刺しました。〈立憲〉〈民主〉の先進諸国の繁栄は、〈平和〉とは相容《あいい》れない、軍事力に依存した植民地支配の上に成り立っていたりもします。

ですから、ともかくも、と一歩下がった言い方は必要ですけれども、私たち日本人は戦後七〇年あまりのあいだ、〈立憲・民主・平和〉という、この三つの価値を同時に追求してきました。それを支えてきたのが、日本国憲法です。

しかし、今、その日本国憲法を「みっともない憲法」と公言してきた人物を首班とする政権が、〈立憲・民主・平和〉という基本価値を丸ごと相手どって、粗暴な攻撃を次々と繰り出してきています。

憲法という意味の constitution のみならず、戦後に私たちがつくりあげてきた日本の社会の構造そのものとしての constitution をも壊しにかかってきていると認識したほうがいい。「粗にして野だが卑《ひ》ではない」という表現で、ある人物を好意的に描いた城山三郎さんの作品がありましたが、その言い回しを借用すれば、あまりに「粗にして卑」としか言いようのない政治の情景を私たちは目にしています。それに対しては、法の専門家である我々が、市民とともに、抵抗していかなくてはならない。

小林　その認識に私も完全に同意します。法治国家の原則が失われており、専制政治の状態に近づいている。そういう状態に、我々は立っている。

奪われてしまった民主主義を奪還すること、破壊されてしまった憲法を回復すること、壊されつつある日本の社会を守ること。そのための長い闘いがはじまっているのです。

樋口　そう、長い闘いになるでしょう。

小林　政治と隣り合わせの学問である憲法学の研究者として、樋口先生は何十年ものあいだ政治的な発言にきわめて抑制的でした。その樋口先生が活字になることを前提に「闘い」とおっしゃる。それだけ状況は緊迫しているということですね。

ここではあえてマスメディアがつける枕詞《まくらことば》を借りて乱暴にまとめると、樋口先生は「護憲派」の泰斗、私は「改憲派」の重鎮だと言われてきた憲法学者です。

しかしながら、憲法第九条改正論についてどのような見解をもとうが、憲法を破壊しようとする権力に対しては、護憲派も改憲派もその違いを乗り越えて、闘わなくてはなりません。

樋口　おっしゃるとおりです。

集団的自衛権の行使に賛同する人ですら、もっと言えばそういう人々こそ、この国の立憲主義と民主主義を踏みにじった現政権の粗暴な「壊憲」行為については、将来の集団的自衛権行使に傷をつけるものとして、異を唱え、闘うべきなのです。

小林　なぜなら、憲法を守らない権力者とは、すなわち独裁者だからです。

憲法が破壊された国家で、静かに独裁政治がはじまりつつある体制下に私たちは生きている。この国の主《あるじ》は、我々国民なのですが、その主という資格が今、奪われようとしている。私たちは侮辱されている。なめられているのですよ。

樋口　そんな状況の今、自民党は「憲法を改正したい」と言っている。しかし、二〇一二年四月公表されたあの改正草案は憲法と呼べる代物ではない。

小林　しかも自民党がもくろむ改憲は、「壊憲」なのです。

そのことを我々国民は直視し、総力を挙げて、きわめてまともな日本国憲法を保守しなくてはならない。そのための知的な武装を準備するために、今日、私は樋口先生の前にいるわけです。

樋口　この憲法改正によって、この国の形がどのように変えられてしまうのか、その真実を明らかにする義務が私たち憲法学者には課せられています。

小林　幸いにして先生は憲法学者として誰もが認めないわけにはいかない立場におられ、国民主権や基本的人権など、いわゆる市民革命によって近代的な憲法の基礎的な理念を生んだフランスに研究の軸足を置いておられる。

私は、かつて「改憲派の自民党ブレイン」でした。が、今は右も左も関係なく、共闘の戦線を広げていて、私の話に耳を傾けてくれる人が確実に増えています。

この二人の対話なら、すべての国民に届く言葉で「憲法改正」の真実を伝え、日本の危機的な状況を突破する道筋を描けるのではないか、いや描かなくてはならない。そういう気持ちで、今、ここにいます。

目次

国民に義務を課す緊急事態条項のねらい
ワイマール憲法の負の歴史と厳格に管理された防衛出動条項
本当の意味での「備えあれば憂いなし」

第六章 キメラのような自民党草案前文——復古主義と新自由主義の奇妙な同居

前文に潜む日本人の大問題
国民を束ね、絡めとるための言葉
「愛国」の代わりに強調される「家族」
憲法が「家族」というモラルに踏みこんでくる
憲法にもちこまれた道徳は日常も縛る
明治人は教育勅語を法とは見なかった
天皇の直声となった教育勅語
道徳偏重主義の背後に見える宗教勢力
復古主義と新自由主義の奇妙な同居

新自由主義が国是になる！
経済だけは規制しない
復古主義の美辞麗句は偽装の癒し
おかしくなった人間観が前文に反映している
個のつらさからの逃避を誘う？

第七章　九条改正議論に欠けているもの

護憲・改憲の対立から憲法保守の共闘へ
現行九条の弱点を克服するには
歴史認識を放置したままの改正は危険
ワイツゼッカー演説と安倍談話の決定的な違い
戦争責任を引き受けてこその外交力
軍隊の創設と徴兵制
自国民に対する罪
九条改正による対米独立まで考えるなら

第八章　憲法制定権力と国民の自覚 —— 197

第一章　破壊された立憲主義と民主主義

▼憲法を破壊した勢力の正体

小林　さっそく具体的な議論に入りたいと思います。日本の社会は憲法という最高法規が踏みにじられ、「無法」と言ってもいいような状況に突入しています。

憲法九条を無視した安保法制を立法したばかりではありません。たとえば、安保法制が可決され国会が閉会した後、臨時国会開会の請求が野党からあったにもかかわらず、自民党はこれを無視しました。これも憲法五十三条を破る行為です。

与党・自民党は憲法に違反するということに、もはやなんの躊躇《ちゅうちょ》もないようです。異常としか言いようのない政治状況です。そのうえ、彼らはその憲法の改正まで視野に入れている。

樋口　このような異常な状態を導き、改憲まで考えているという自民党の政治家たちは一体、何者なのか。私自身の立場は世間で「護憲」と言われていますし、現在の政権が進めようとしている改憲に反対ですが、改憲の是か非かを問う前に、見ておかなくてはならないことがあります。

憲法の改正を議論する際には、順番があります。前提抜きで単純に〇か×かという議論からはじめてはなりません。そもそもどんな必要があって、どんな政治勢力が、なにをしたいために、どういう国内的・国際的条件のもとで、どこをどう変えたいのか、それによって賛成も反対も分かれる。これが憲法問題の本来の議論の仕方です。

つい先ごろある会合で京都から見えた「ママの会」の女性が、憲法改正一般、改憲一般というものはないのだ、という言い方でそのことを言い当てていて、感服しました。

ですから、「憲法改正」を言いだしている自民党の議員たちがどんな人々なのかを明らかにするところから、議論の土台をつくっていきたいと思うのです。あわせて、これほどまでの政治家の劣化が、なぜ起きたのかも探っていきたい。

小林先生は、自民党の議員たちとのつき合いがずいぶんと長いでしょう。自民党を内側から見たときにどうだったのか、自民党議員たちがなにをどう考えてきたのか。ぜひくわしく教えていただきたい。

小林　最近の国会の風景をご覧になっていてお気づきのように、我が国与党の国会議員の多くは、「そもそも、憲法とはなにか」という基本的な認識が欠如しています。

安保法制について言えば、歴代の政権が積み重ね、継承してきた憲法の解釈を、たかが一内閣の閣議決定ごときで、勝手に変更しても構わない、あるいは、憲法違反の立法を行っても差し支えないという、我々から見たら、異常としか言いようがない感覚の持ち主だということが判明しました。

樋口　つまり、彼らには憲法というものの概念、コンセプトそのものに対する基本的な共通認識がない、ということですね。

小林　そうなんですよ。自民党とのつき合いは三〇年あまりになりますが、そのとおりだと残念ながら申し上げるしかありません。私は一九八〇年ごろから自民党の勉強会に呼ばれるようになりました。ちょうどハーバード・ロー・スクールでの研究を終え、慶應義塾大学の教壇に立つようになったころです。

当時、岸信介《のぶすけ》の率いる自主憲法制定国民会議という自民党系の団体が毎月、例会を開いていて、そこに呼ばれるようになったのです。

私としては、「憲法を時代に合わせて改正していくこと自体は、決してタブーではない」ということを伝えたかった。しかも、当時の日本は改憲と言っただけで「軍国主義者」だとレッテルを貼られ抗議が来るような時代でしたが、それは憲法学としておかしいだろう、という気持ちでした。だから、積極的に自民党の勉強会にも参加したのです。

ここは樋口先生と私との立場が決定的に違うところではありますが、憲法は道具だと私は考えています。つまり、我々主権者、国民が幸せに暮らすために国家権力を管理するマニュアルが憲法です。あるときに憲法を制定したとしても、時代が変わり、変更の必要が生まれたときには、国民の総意をもとに微調整していけばいいではないか、という考え方を私は主張してきました。

ただし、念のため、ここで釘《くぎ》を刺しておきます。現時点では、憲法改正は断じて行うべきではない。あの思いつめた人たちが、どこへ憲法をもっていってしまうのか、本当に不気味です。だから体を張って抵抗しているわけです。

樋口　そう、だから私たちはここにいる。

小林　自民党の勉強会に出席してきた主眼は、「憲法は国民を縛るものではない。国家権力を管理するための最高法規である」という憲法の基本を徹底して自民党の議員たちに叩《たた》きこむことにありました。彼らを善導するつもりで長くつき合ってきたのです。

しかし、残念ながら、憲法とはなにかについて、理解をもってくれる議員はごく一握りで、今にいたるというわけです。

樋口　実は内側で孤軍奮闘しておられたのですね。

▼近代憲法とはなにか

小林　驚くべきことは、国政を担う彼らが、近代憲法とはなにかについて、まったくと言っていいほど理解を示さない、理解できないということです。

樋口　なるほど。

小林　憲法とはなにか。せっかくだから、読者に向けて説明をしておきましょう。法律は国家の意思として国民の活動を制約するものです。しかしながら、憲法だけは違いますよね。国民が権力に対して、その力を縛るものが憲法です。憲法を守る義務は権力の側に課され、国民は権力者に憲法を守らせる側なのです。

樋口　国民が、権力に対して、憲法を遵守せよ、と言う。今回のあらゆる論争を通じて、一番、根本となる考えですね。

小林　そうです。そもそも憲法とは、ヨーロッパなどで王政と対抗する過程で、はじめて出てきた法の概念です。絶対王政の時代には、神の意思の体現者を自認していた国王が「朕《ちん》は国家なり」と我が物顔に振る舞うばかりで、国民が王を統制する術《すべ》はありませんでした。

民の側が議会を編成するなどして力をつけていったのはイギリスですが、最初にドラスティックに人民が王権に対抗したのが、アメリカの独立戦争です。イギリス国王による圧政をはねのけ、戦争に勝ったアメリカの指導者たちは、王政しか経験がない人々ですから、ジョージ・ワシントンに、新生アメリカの王様になってくれと提案をした。ところが、ワシントンは、国王になることを拒否して、民主国家を建国したのですね。

ただ、組織である以上、統治の責任者が必要です。選挙で選ぶ任期つきの大統領職を設けることになったのですが、その際、大統領も人間ですから、間違いも犯す不完全な存在であることが、人々の意識にあがった。そこで、できあがったのが世界で最初の成文憲法、アメリカ合衆国憲法です。

つまり、権力者たる生身の人間を管理するという目的が、憲法の起源にあった。

樋口　そうした憲法が制定されたおよそ一世紀後のアメリカの様子を日本人が記録した『航米日録』という文書があるので、ご紹介しましょう。日米修好通商条約の批准書交換のために派遣された使節団のメンバーの玉蟲左太夫《たまむしさだゆう》という仙台藩藩士によるものです。彼の記録は、アメリカ合衆国のデモクラシーと法の支配を実に的確に表現しているのです。

「会盟・戦伐・黜陟《ちゅっちょく》・賞罰等ノ事、衆ト会議シテ、其見ル処ノ多キヲ以テ決ス。縦《たと》ヒ大統領ト雖《いえ》ドモ、必ズ一意ヲ以テ決シテ私ヲ行フヲ得ズ」

「国例ニ至リテハ、衆部ノ行フ処ニシテ、縦令《たとい》大統領ト雖《いえ》ドモ、庶民ト共ニ之ヲ守リテ犯ス能ハズ」

『航米日録』（『日本思想体系66　西洋見聞集』岩波書店（一九七四年））

外交や戦争の宣言、そして官職の任免や賞罰までも、大統領の一任ではなく会議で決めていることに彼はまず目を向けます。そして、「国例」つまり立法が「庶民」だけでなく大統領をも拘束するものだということも見抜いています。

「庶民」に対して「気に入らなくとも法で決まっていることだから従え」という江戸時代の日本とは違う法秩序がアメリカにあること、「法の支配」「法治国家」というものを彼は理解していたのです。

▼国民を縛りたがる議員たち

小林　封建制度しか知らない藩士なのに、彼の観察力、吸収力は素晴らしいですね。

ところが、一方、そうした理念、たとえば「法の支配」というものや「憲法は権力を縛るものである」という立憲主義について何度、説明しても、理解してくれないのが自民党議員たちです。それだけでなく「権力者だけを管理する憲法でいいのか。国民を縛らなくていいのか」としつこいくらいに質問が飛んでくる。その考えは間違っていますよ、と奮闘していたのが、自民党とのつき合いの実態でした。

樋口　なるほど。そしてそれでも、彼らは変わらなかったというわけですね。

小林　その証拠にお話ししたいのが、二〇〇六年に衆議院憲法審査会の「日本国憲法に関する調査特別委員会」に参考人として呼ばれたときのことです。

樋口　第一次安倍政権の少し前、小泉純一郎政権の時代ですね。

小林　私は、憲法と権力の関係について、「権力というものは常に濫用されるし、実際に濫用されてきた歴史的な事実がある。だからこそ、憲法とは国家権力を制限して国民の人権を守るためのものでなければならない」という話をしたのです。自民党の憲法観は、ずれていますよ、と指摘したのですね。ところが、それに対し、自民党の高市早苗《さなえ》議員が、「私、その憲法観、とりません」といった趣旨の議論を議場で展開しはじめたわけです。おい、ちょっと待てよ、その憲法観をとる、とらないって、ネクタイ選びの話じゃねぇんだぞ、って話です。

樋口　内輪の勉強会での本音ならまだしも、国会の場で臆面《おくめん》もなく、そんなことを言うとは、あきれます。

小林　私に向かって、彼女は講義めいた話をはじめました。あなたは権力を制限するという憲法の「制限規範」的な側面ばかり強調するけれど、これからの憲法には国民の命を確実に国が守るとか、領土の保全、独立統治というものを確保するために、「国家に新たな役割を担ってもらう授権規範的な要素も幾らかは必要」「授権規範的な考え方が自民党の草案（第一次草案）のなかに入った」と言ったのです。しかも、自信満々に、ですよ。お前、誰に向かってモノを言っているんだ、と思いましたよ。

樋口　そういう生半可なお勉強はどこでしたのでしょうか。

小林　あきれますよね。「授権規範」という要素が「幾らかは」憲法に必要で、新たに草案に入れた、という主張は、間違いだらけです。自民党が草案に入れる、入れないの問題ではなく、憲法には「制限規範」と「授権規範」の両方の側面がそもそも、備わっているのですから。

「制限規範」というのは、本書の冒頭からずっと説明をしている、憲法が権力を制限するという側面です。

そして、ここで問題にしている「授権規範」という憲法の側面。これを「新たな役割」として、いかにも新奇なアイディアのように高市議員は語っています。しかし、国会が立法権だけを、裁判所が司法権だけを、そして内閣が行政権だけを行使できるのは、憲法によって制限された限りの権力を主権者・国民から「授権」されているからです。これが憲法の「授権規範」的側面です。「授権」と言っても、「それしか」授けないよ、という「制限」つきの意味ですが。

だから、憲法の「授権規範」的な側面なるものは、彼女の言う「新たな役割」とはなんら関係ない、小学生でも知っている、当たり前のことなのです。

つまり、「確実に国民の命を守る役割」が憲法の新しい要素＝「授権規範」である、という高市議員の主張は、憲法学の知識が欠如しているがゆえの言葉の誤用です。

しかし、単なる用語の間違い、概念の混乱という以上に、この高市議員の主張が問題なのは、自民党の憲法観の間違いが、ここににじみ出ているからです。この論調は、権力に対して無限に「授権」し、国民を「制限」するのが「新たな憲法」の役割だという方向に転化しかねない。

樋口　国家に与えられている権力は、国民の権利や自由、基本的人権を侵害しないという「制限規範」に縛られた条件つきなのです。そういう認識が彼らにはないのです。

▼分水嶺は二〇〇九年衆議院選での自民党大敗

小林　とはいえ、そのころは、現在の状況よりも、はるかにましだったのです。

たとえば、衆議院憲法調査会会長も務めた中山太郎議員などは、私の良き理解者でした。高市議員のようなトンデモな憲法理解をする政治家が、数のうえでは優勢でも、きちんとした憲法観をもった重鎮がいるうちは、抑えが効いていた。だから、自民党全体の考えとして出てくる公式の憲法観は、私の考えに近いところにありました。長年、自民党と勉強会などでつき合うことができたのはそうした重鎮の存在のおかげですし、そうした環境のなかで、理解の足りない議員を私は善導していこうという意欲がもてた。

ところが、中山議員は二〇〇九年の衆議院選挙で落選してしまいます。

樋口　民主党に政権交代したあの選挙ですね。

小林　今、思えば、あの選挙が分水嶺でした。自民党の憲法観が、大きくゆがんでいったのは、大敗したこの選挙の後でしたから。

このとき大量の自民党議員が落選したけれども、生き残ったのは、政策知性が伴わなくとも選挙に勝てる、世襲議員のような連中ばかりでした。一方で、勉強熱心な叩き上げの議員の多くは落選し、自民党議員の平均レベルが大幅に劣化しました。

樋口　選挙の結果を受けて、沈みゆく自民党をみずから去っていった議員も大勢いましたね。たとえば、舛添《ますぞえ》要一さんもそうでした。

小林　舛添さんと言えば自民党の憲法改正第一次草案のとりまとめの責任者でした。二〇〇五年、小泉政権時代に出された新憲法草案です。

樋口　第一次草案は愛国心について言及があるなど、法と道徳の関係をはじめ議論を呼ぶ点は多々あったとはいえ、それでも法学的には、憲法という体を成していましたね。

小林　それにくらべてです。下野していた時代の自民党が二〇一二年四月に公表した第二次草案（日本国憲法改正草案）は私もアドバイスがほしい、ということで一度だけ、憲法改正推進本部の会合に呼ばれましたが、ひどいと思いました。

樋口　あれは、憲法とは呼べない。

小林　そうなのです。今回の自民党の改正草案は、我々のような憲法学者に言わせれば、憲法とも呼べない代物です。

▼なぜ、かくも日本国憲法を「憎悪」するのか？

樋口　先生が内側から自民党をどう観察していたかというお話で、あのトンデモ草案が準備された背景がよく分かりました。自民党議員の質の変化が、大きな要因だったのですね。

小林　そうなのです。あのお粗末な憲法改正草案は、自民党議員たちのお粗末な憲法観をストレートに表しているものです。この草案に映しだされている自民党の憲法観、そして彼らが理想とする国家観については、後で樋口先生と徹底的に批判したいのですが、なぜかくも自民党が日本国憲法を憎悪しているのかということについて、ここで、もう一歩踏みこんでおきたいと思います。

鍵は、やはり、世襲議員たちです。自民党内の法務族、とりわけ改憲マニアとも言うべき議員のなかには世襲議員が多いのです。

ご存知のように、自民党の国会議員は、外交部会や厚生労働部会など、数十人単位で構成される党内の部会に所属していまして、憲法に関しては伝統的に憲法調査会（二〇〇九年末に憲法改正推進本部と格上げ改称）というものがありました。

この部会ごとにいわゆる族議員が形成されているのですが、憲法というのは、他の分野と違って、利権が絡まないので、票にも金にもなりません。したがって、憲法調査会に所属する議員たちは、地盤の強さだけで勝てる世襲議員が多くなってしまうという傾向がありました。

それに追い討ちをかけたのが、先ほどから話に出ている二〇〇九年の衆議院選挙の大敗です。残念ながら中山議員のような実力派の議員が落選し、自民党の憲法調査会には、二世どころか、三世、四世といった世襲議員と不勉強なくせに憲法改正に固執する改憲マニアだけが残ってしまった。

これがなにを意味するかと言えば、現在、自民党内で憲法について集中的に考えている議員たちのほとんどが、戦前日本のエスタブリッシュメント層、保守支配層の子孫とその取り巻きであるという事実です。

樋口　戦前のエスタブリッシュメントの子孫と言えば、安倍首相などは、まさにその典型ということになりますね。

小林　そうです。彼の母方の祖父、岸信介なんて、大日本帝国のもとで戦争したときの最高責任者のひとりです。武官の最高責任者が東條英機ならば、文官の最高責任者は岸信介じゃないですか。

商工大臣や軍需次官までやった岸信介は、A級戦犯容疑で囚《とら》われながら結果的には無罪放免で、総理大臣にまで上りつめました。岸としては、国を立て直すために自分が生き延びなければならないのだとみずからを納得させたのでしょう。

しかしながら、敵国に屈することで自分を守ったという心理的な屈折がなかったはずはありません。その屈折が、「押しつけられた」憲法を廃棄するという執念につながっているのではないか。自主憲法制定国民会議の会長を務めるなど早くから改憲の旗振り役だったのは、その屈折から来ているのではないかと推測できるのです。

樋口　なるほど。

小林　さっきも話をしたように、三〇代だった私はそうした人たちの催す勉強会に顔を出していたわけです。岸本人とも一度だけですが、会ったことがあります。

そうしたつき合いのなかで知ったことは、彼らの本音です。

彼らの共通の思いは、明治維新以降、日本がもっとも素晴らしかった時期は、国家が一丸となった、終戦までの一〇年ほどのあいだだった、ということなのです。普通の感覚で言えば、この時代こそがファシズム期なんですがね。

樋口　しかし、彼らの思う素晴らしき日本は、見事に戦争に負けました。その事実を直視できないから、ポツダム宣言をつまびらかには読んでいないと公言する三世議員の首相が登場してしまう。

小林　はい。そういう自民党世襲議員のなかに、旧体制下の支配層たちの「敗戦のルサンチマン（怨恨）」が脈々と受け継がれ、アメリカに「押しつけられた憲法」を憎悪するという構図になっているのでしょう。

だから、彼らはハーグ陸戦条約の「占領地の基本法は、占領に支障なき限り、占領した側が勝手に変えてはいけない」という意味を半端に読み間違えて「占領下につくられた憲法は、国際法上無効だ」などと言いだしてしまう。そのうえ、日本国憲法が国際法上無効なのだから、正当な憲法は我が日本民族がみずからつくった明治憲法しかないという、とんでもない主張を平然と出してきたりするわけです。彼らにとっては明治憲法が理想なのですよ。

しかし、日本国憲法は、一般の人々にとっては救いでしたよね。戦争に負けて、新憲法を押しつけられたと彼らは言うけれど、一般の人にとっては悔しくもなんともない。日本国憲法のもと、人権が保障されるようになったし、平和で豊かで良かったなというだけのことですよね。

樋口　敗戦当時、私は一〇歳で国民学校の五年生、学徒隊副小隊長（担任の先生が小隊長）でした。今で言う学級委員長ですが、小学生ながら、この戦争は永遠に続き自分も近いうちに死ぬのだろうなあと思っていました。兵士になるための体力と敏捷《びんしょう》性だけが求められる、そういった教育を受けていましたから。

終戦を知ったときに、そうした死と隣り合わせの閉塞《へいそく》感から解放されたことをよく覚えています。ポツダム宣言の受諾がなければ、実際私はここにいなかったでしょうし……。

小林　ポツダム宣言を拒否し、一億玉砕するまで戦争を続けていれば、私も今の若い人も、生まれることすらなかったわけです。

一方でポツダム宣言の受諾を屈辱として記憶しているのが戦前の支配層でしょうね。そして、明治憲法郷愁派、あるいは復古派とも言える戦前支配層の子孫たちにとって、安保法制を強行採決するなど日本国憲法を踏みにじることは、屈折した思いを代償する、自然な行為なのでしょう。

そして、世襲議員たちが、いよいよ「憲法改正」を実現し、自分たちが社会を支配できるような旧体制を「取り戻そう」としているのではないでしょうか。

樋口　ひとつ問題を出しておきます。「旧体制」と言ってもいつの時代の旧体制なのか。

どこまでさかのぼろうと言うのか。その人たちの主観とは別に客観的に言えば、後で繰り返しますが、実は明治憲法以前だ、ということです。

▼立憲主義の危機は国家の危機

小林　樋口先生の出された問題が気になりますが、ともかく、「敗戦のルサンチマン」を引きずったねじれた憎悪のもとで、内閣総理大臣や国会議員が憲法を壊そうとしている。実際、二〇一五年夏の安保法制成立までに、三つの憲法破壊があったと思われます。

まずひとつめ。権力者たちが憲法九条を無視する解釈改憲を行い、安保法制まで強行採決した。自衛隊を海外に派兵するなら、当然、九条違反です。二つめ。正式な憲法改正の手続きを飛ばして、憲法の実質的な内容を変更してしまったわけですから、九十六条の改正手続きを無視しているという意味で憲法違反です。そして三つめ。国会議員に課せられた九十九条の憲法尊重擁護義務にも違反している。これだけのことが安倍政権下で行われたのです。

かくして、今までの法秩序が無になった。まさに立憲主義の危機なのだけれど、立憲主義の危機、と言っているだけでは、一般の人たちには、事態の深刻さが伝わらない。

樋口　マスメディアも一部をのぞいて、これを国家の危機だと伝えない。これをどういうふうに伝えていくかが、課題です。

安倍政権が憲法を壊す行為に及んでからは、さすがに立憲主義という言葉が新聞やテレビなどにも頻繁に登場するようになりました。それでも、耳慣れない、意味が良く分からない、という声も多いですね。この用語自体、最近まで中学や高校の教科書にはほとんど出てきていなかったから、立憲主義の危機だと憲法学者に言われても、ぴんとこないという人がいるのは仕方ない面もある。教科書の書き手が立憲主義について丁寧に書かなかったことの責任はあるのです。

小林　立憲主義なんて、私たち「憲法屋」にしてみれば当たり前のことだから、大学の講義でもすっ飛ばしていましたから。

憲法とはなにかということも、しみじみ教えてこなかった。だから、国会議員のなかに、憲法というものを刑法や民法の親玉ぐらいにしか思っていない人たちがいる。

しかし、憲法の危機、立憲主義の危機というのは、この本を最後まで読んでもらえば分かると思うけれど、本当に恐ろしいことなんですよ。

▼国民主権のもとでの立憲主義とは？

樋口　ただ、教科書や大学の講義の問題とは別に、立憲主義というものが国会議員のなかにも、一般の国民のあいだにも浸透していないということにはそれなりの背景もあるのです。

意外な感じがするかもしれませんが、比較をすると、現代よりも明治憲法の時代のほうが、立憲主義という言葉は人々のあいだに定着していたのですよ。

戦前期にどれだけ「立憲」「非立憲」という言葉が一般の人たちにも浸透していたかという例として、ひとつ紹介したいのですが、先生はビリケンをご存知ですか。

小林　大阪の通天閣に「ビリケンさん」の像がありますねえ。顔は浮かびます。幸運を運ぶ神様でしたっけ。

樋口　そのビリケンのニックネームをもらってしまった首相がいますね。

小林　ビリケン首相！　帝国議会を無視した超然内閣として批判を浴びた寺内正毅《まさたけ》首相ですね。

樋口　ビリケンの由来は「非立憲」。「非立憲」をもじったうえで「ビリケン寺内」という言葉が、はやったんですね。ビリケンに顔つき、というより頭つきが似ていたからというのもあったのですが、ここでの話のポイントは、一般の人々のあいだで流行語になるくらい「非立憲」という言葉が定着していた、ということです。

では、なぜそんなに「立憲」「非立憲」という言葉が、戦前の日本で一般的だったのか。天皇主権の明治憲法の時代には、立憲主義というものが、とても分かりやすく見えていたからなのですね。天皇が統治権を総攬《そうらん》していた、あるいは実質的には藩閥政府（のちには軍部）が権力を握っていたという状況では、憲法によって縛られるべき権力が何なのかが明確でしたから。

繰り返しになりますが、立憲主義とは、憲法によって権力を制限し、憲法を権力に遵守させるということです。そのこと自体は、戦後も戦前も、もちろん変わりはありません。

しかし、戦後、新しい憲法によって天皇主権から国民主権になりました。国民が主権者であるということは、国家権力を構成しているものは「国民の意思」です。こうした国民主権のもとでの立憲主義となると、主権者たる国民が決めたものをなぜ憲法によって制限する必要があるのか、という疑問が出てきてしまう。

小林　そういう屁理屈を言う論者は今もいますね。国民主権の時代なのだから、国民が国民を縛る立憲主義などいらないじゃないかと。

他ならぬ安倍首相自身が、憲法は国家権力を縛るものだという考え方は、かつて王権が絶対権力をもっていた時代の主流的な考え方である、今の時代には絶対的なものではないという自説を示していますしね（二〇一四年二月三日衆議院予算委員会）。

樋口 明治憲法下では、憲法を守らない権力者に対しては、「非立憲である！」と攻め立てていたわけです。帝国議会の議員たちも、国民を代表する自分たちが、自分たちよりも強い天皇や藩閥政府を憲法を盾にしてなんとかコントロールせねばならないという自覚があったし、権力のほうも、立憲主義的に政治を行っているというそぶりを見せる必要があったのですよ。そうしなければ、議会はひどく反発しましたから。

小林 安倍首相や高市議員に聞かせたい話です。

樋口 くわえて、西欧列強から民主主義も立憲主義もない、二流国家と見られてはまずいという理由も強くありました。

▼〈民主〉と〈立憲〉はときに対立する

樋口 ところが、戦後になると、議員たちの意識が変化します。主権者たる国民に選ばれた我々が一番偉いのだという認識になり、立憲主義という言葉が形骸《けいがい》化してしまった。その実際は、小林先生がさっき教えてくださったとおりです。

ここで大事なポイントが出てきます。主権者である国民に選ばれた国会議員なのだから、議員を制限するものは何もない、というロジックが教えるのは、民主主義が立憲主義を破壊するのに使われる危険がある、ということです。

民主主義、デモクラシーとは、人民（デモス）の支配（クラチア）、つまり人民の支配です。突きつめれば、一切の法の制約なしに人民の意思を貫き通す、これが〈民主〉のロジックですね。

一方、立憲主義とは「法の支配」、rule of law です。この law は、国会のつくる法律を指すのではなく、国会すらも手を触れることのできない「法」という意味がこめられています。

その〈立憲〉のロジック、つまり「法の支配」を貫徹すれば、人民が多数決で決めたことを否定するような場合もある。

つまり、選挙で選ばれた議員たちは、民主主義に基づく権力を握っています。その権力まで憲法が制限するのかどうか、という大きな問いも出てきてしまう。民主主義と立憲主義は、同じ方向を向いているときもあれば、ぶつかってしまうときもあるのです。

小林　先ほどの立憲主義は時代遅れだという安倍首相の発言は、人民に選ばれた俺たちを優先しろ、ということでしょう。民主主義で選ばれた我々を、憲法が制限するのはおかしい。立憲主義など、民主政治のもとでは価値がない、と言わんばかりですから。

樋口　そうなんです。立憲主義で民主主義を制限するのはおかしいというロジックです。

小林　民主的に選ばれた権力なのだから、任期のあいだは好きなようにやらせろ、というのは大阪の橋下《はしもと》徹前市長がよく使うロジックでもありますね。

▼立憲主義の軽視で起きたナチスの台頭

樋口　ところが、ここが大事なのですが、民主主義だけでは、社会は不安定になるし、危うい方向にも向きやすい。

小林　そうそう！

樋口　世界でもっとも有名で、かつ重要な例を挙げれば、ナチスドイツの登場の仕方です。ナチスが台頭したときのワイマール憲法は、国民主権に基づく民主主義でした。いきなりクーデターでナチスが出てきたわけではないのです。民主主義的な選挙によってナチスが第一党になり、首相になったヒトラーがワイマール憲法そのものを実質的に無効化してしまった。

小林　麻生太郎財務相は二〇一三年にこんな発言をしましたね。「（ドイツの）憲法はある日、気づいたらワイマール憲法が変わってナチス憲法に変わっていたんですよ。誰も気づかないで変わった。あの手口に学んだらどうかね」。確かに学んでいますね、自民党。

樋口　だから戦後の西ドイツは、憲法の保障する価値をひっくり返してはならないという考え方を法制度化しました。「自由の敵には自由を認めない」という考え方です。

ワイマール憲法のもとで、民主主義が暴走し、憲法の基礎を成していた基本的人権が破棄され、ドイツ民族の優位といったイデオロギーが跋扈《ばっこ》するようになった。立憲主義を軽視すると、そういったことが起きてしまうのです。

人民の名において非人道的な支配をしていた旧ソビエト連邦・東欧圏というものもありました。イラクのサダム・フセインも国民投票をすると一〇〇％近い支持を得ていたけれども、あれも独裁です。

世界的な流れで見て言うと、〈民主〉だけで進んでいっても、全体主義に転化したり、独裁を招いてしまう。過去三〇年ほどのあいだに立憲主義は急速に見直されてきているのです。

もちろん、もっぱら立憲主義だけでも国民不在になってしまいますので、実際には、〈民主〉と〈立憲〉のあいだで、その中間にどうバランスをとるのかが大事です。

小林　明治憲法や明治憲法がお手本にしたプロイセン憲法は〈立憲〉ではあったけれども、民主主義としては不完全でした。だから、立憲主義だけがあれば良い、というものではない。これもまた当たり前の話ですね。

樋口　〈立憲〉を理想とする側の人がどこまで〈民主〉をとり入れるのか。逆に〈民主〉を基本とする人はどこまで〈立憲〉のほうに寄ってくるか。そのバランスが重要なのです。

▼民主主義を利用しつつ、破壊する自民党

樋口　ただ厄介《やっかい》なんですよ。時として安倍政権は、国民をおだてつつ、あなた方の直接民主主義を大切にするんだという口ぶりになる。

たとえば、二〇一二年に自民党が政権に返り咲く直前に安倍総裁が京都府綾部市で行った講演です。彼は、こう言ったのです。「たった三分の一ちょっとの国会議員が反対すれば、（憲法改正が）できないのはおかしい。そういう横柄な議員には退場してもらう選挙を行うべきだ」（九月三〇日共同通信配信による各社記事）。

要するに憲法を国民が変えたいと言っているのに、たった三分の一の議員が反対していることによって邪魔をしている。国会の三分の一の勢力によってあなたたち国民の意思が直接反映されないのは、民主主義としておかしいではないか、というのですね。

小林　三分の二以上の議員の賛成がないと憲法改正の発議ができないということが気に食わないというのが本音だったのでしょう。政権に返り咲いて、憲法改正手続きの要件を緩めるべく九十六条改正案をぶちあげる直前の発言ですから。

つけくわえさせてもらえば、いまだかつて国民の過半数が憲法改正を望むという統計上の資料を見たことないですよ。よくそんなことが言えますね。

樋口　もちろんです。そのうえで言いますが、ここで彼が言っているのは絶対民主主義の正しさなんですね。絶対民主主義とは、多数派が支配的に振る舞って良いという民主主義です。

小林　多数派だったらなんでもできるという絶対民主主義は、非常に危ない。民主的な決定プロセスはもちろん大事ですが、そのプロセスを経たとしても、たとえば憲法に書かれた人権を踏みにじるような結果にならないとも限らない。そこに歯止めをかけるのが立憲主義です。

樋口　さらに問題なのは、安倍首相の態度や発言、行動が一貫していないことです。民主主義をもち上げた後、国会をも徹底的に軽視し、民主主義の破壊を行っている。

▼ないがしろにされる国会

樋口　自民党の国会軽視は数限りなく続いているので、例を挙げればキリがないのだけれど、内閣総理大臣席から野党議員に対して「早く質問しろよ」（二〇一五年五月二八日）、「どうでもいいじゃん」（八月二一日）と野次を飛ばした事件があったではないですか。

小林　前者は民主党の辻元清美議員、後者は蓮舫議員の質疑のときの野次ですね。首相は陳謝にもなってないような陳謝をして、世間的にも、野党のほうが馬鹿みたいにムキになって、と笑い話のような形ですまされてしまいましたが。

樋口　その首相の野次で思い出したのが、戦前の帝国議会で政府委員席から「黙れ」と言った陸軍省の役人の事件です。これは大問題になりました。帝国議会の権威をなんだと思っているのかと。

国会は国会議員のものであって、日本国憲法にも、内閣総理大臣や閣僚は院が求めたら出席する義務があると、書いてあるわけですよ。出席する義務がある首相は、院に呼ばれたら、議事を進めるのではなく、議員たちから問いつめられる立場です。問いつめられる側が、早くやれ、早く質問しろと議事進行を促した。

小林　ご指摘ごもっとも。「早く質問しろよ」という首相の野次は議事進行発言していることになる。

樋口　小さなことのようで、これは権力分立という大原則を破っているのです。立法府において行政側の人間が、勝手に議事を仕切る権利はない。

戦前のケースでは、陸軍省の副課長級の役人の発言でした。これが大問題になったのですが、今回は一国の首相の発言だったにもかかわらず、笑い話で終わっている。帝国議会の時代のほうが、緊張感をもって政治をしていた。

それにくらべて、今は、議員もメディアも、みんな鈍感になっています。

▼もう独裁政治ははじまっているのかもしれない

小林　自民党側も、それを良いことに民主主義の原則を自分たちの都合で使ったり、無視したりしている。

樋口　そうなのです。

先ほど、立憲主義と民主主義のバランスが重要だとお話ししましたが、その両極の中間のどこに自分たちの政治のあり方を置くのかは、各国それぞれ異なっています。それぞれの国で、国民が知恵を出し合い、歴史や社会的な条件を踏まえて、両極の中間のどこかに均衡点を見つけるわけです。その均衡点は、それぞれ国によって違っていて構わない。

あえて不正確を承知で大ざっぱに言えば、真ん中よりも〈民主〉のほうに均衡点を置いてきたのがフランスです。ナチスの台頭を反省して、はっきりと〈立憲〉のほうに自分の立ち位置を定めているのが旧西ドイツ、現在のドイツ連邦共和国です。

小林　私が学んだアメリカは、ドイツほどではないけれども、〈立憲〉のほうに寄っています。

樋口　そのように、〈立憲〉と〈民主〉のあいだのバランスの取り方は、各国それぞれで良いのです。

しかし、立憲主義を民主主義のロジックによって否定しておきながら、民主主義をも放棄しようとしているのが、今の自民党なのです。

立憲主義という「法の支配」も、民主主義という「人民による支配」も否定して、今進んでいるのは、自分たちに都合の良い、「法で」「人民を支配」する政治。それを自民党はやろうとしている。

小林　立憲主義と民主主義、そのどちらもが存在せず、そのように権力が恣意《しい》的にその力をふるうことができる政体をなんと呼ぶのか。これは恐ろしいですよ。それを独裁政治と言うのでしたよね。

我が国の近隣にも、独裁政治を行う国家は存在します。まさかこの日本についてこんなことを言う日が来るとは思わなかったのですが、金ファミリーが支配する北朝鮮と、日本は変わらない状態に近づいているのです。

樋口　そんな体制を目指す勢力が推進する改憲にのるのか、のらないのか。そこを有権者には冷静に考えてほしい。

小林　「改憲派」の私にとっても、それは自明のことですね。そんな人々による改憲は絶対に阻止しなくてはなりません。

第二章　改憲草案が目指す「旧体制」回帰とは？

▼自民党憲法改正草案を読み解くことの意義

樋口　二〇一四〜一五年の日本で行われた憲法破壊が、一般に思われているよりもはるかに深刻な事態であることを第一章では確認しました。改憲を推進する勢力についても、小林先生が詳細に分析してくださった。

小林　そこで、いよいよ二〇一二年に自民党が公表した憲法改正の第二次草案の中身について、考えていきたいと思います。

あらかじめ断っておきますが、自民党がこの草案どおりの改憲を推し進めるかどうかは疑問です。憲法としてあまりに不完全な草案ですから、あちこち手直ししてくるでしょう。すでに安倍首相本人が、自民党の改正草案どおりにいくわけではない、と二〇一六年二月の衆議院予算委員会の質疑のなかで認めました。

しかし、この草案を読み解くことには意義がある。自民党がこの国をどうしたいのか、どういう社会を構築しようとしているのか、どんな価値を理想として見ているのかということが、しっかりと映しだされているからです。

まず、根本的におかしいのが、国家権力と国民の関係が逆転していることですね。草案では、国民に憲法尊重義務を課している。近代憲法としては、この時点でアウトですよ。

▼自民党草案は「いにしえ」への回帰！

小林　第一章でも述べたように、改憲マニアの世襲議員たちは、戦前の明治憲法の時代に戻りたくて仕方がない。だから、まるで明治憲法のような古色蒼然《そうぜん》とした、近代憲法から逸脱したこんな草案を出してきた。旧体制への回帰こそが、この草案の正体です。

樋口　おっしゃるとおり、この草案は古色蒼然です。自民党の改正草案を見て「戦前に戻るのか」「明治憲法に戻るのか」という批判をする人たちの主張もよく分かります。

けれども、この草案をもって明治憲法に戻るという評価は、甘すぎる評価だと思うのです。明治の時代よりも、もっと「いにしえ」の日本に向かっている。

小林　「いにしえ」ですか。

樋口　この「自由民主党　日本国憲法改正草案」なるものは、明治憲法への回帰どころではない。慶安の御触書ですよ。

小林　なるほど、明治への回帰ではなく、憲法なき江戸時代への回帰なのですね！

樋口　これは私自身の表現ではなく、フランス法制史にも通暁した日本法制史の専門家が、あの草案を評して、「あれを明治憲法のようだと言うのはあたらない。慶安の御触書に戻るようなものだ」と、思想史・学説研究のシンポジウムの席上で当日の主題に関連させて発言していたことです。慶安の御触書とぴたりと一致するかどうかは別として、明治以前の法秩序に戻るようなものだという彼の主張は、私もそのとおりだと思いましてね。

まず、言いたいのは、明治の法体系をつくったときの人たちは、現在の政治家たちよりも、もっと真面目だったということです。

小林　そうですね。明治憲法を起草したときの日本人は、必死でした。日本の法体系が不十分だからということで不平等条約を押しつけられた。それを跳ね返すために、欧米の法学を懸命にとりこんで、国家体制と法秩序を整えようとし、ヨーロッパに行って、伊藤博文以下が当時の碩学《せきがく》に素直に学びました。

ところが、経済大国になった日本の政治家たちは、先進国意識だけがあって学ぼうという意識がない。憲法がなんなのかも分からずに政治家をやっている自民党議員が多いというのは、第一章でご報告したとおりです。

▼明治憲法をどう評価するか

樋口　それくらいあの草案はひどい、だから私たちは改憲を阻止しなくてはならない、ということです。回り道かもしれませんが、ことの本質を見ていくために、明治憲法についてお話をしておきたいのです。

第一章で、明治憲法は天皇主権であったし、自由で豊かな戦後をつくった日本国憲法とはくらべようもない、というお話をなさったですね。

小林　日本国憲法のほうが優れているに決まってます。

樋口　それはまったくそのとおりです。私も日本国憲法はいいものだ、それにくらべて明治憲法はこんなにだめだったんだという啓蒙《けいもう》的な言い方を続けてきました。しかし、ある意味で反省しているのですよ。明治憲法の負の部分を強調しすぎたのではないかと。

おそらくこれはいい意味で、議論し合うポイントになるのですが、私はここ最近、明治憲法そのものは、一九世紀後半の基準で見れば、立派な憲法だったというふうに評価しているのです。

小林　これは意外なご発言ですね。私は、先生とは反対に、明治憲法はだめだと、露骨に言っています。あの憲法の欠陥が全体主義と戦争を呼びこんだのですから。

樋口　私たちの世代は、子供のころ、こんな教育を受けました。江戸幕府が支配していた時代はアンシャン・レジーム、暗黒の社会だったという物語です。要するに江戸幕府を倒した勢力を正当化する教育ですね。

それと同じで、戦後すぐには確かに、日本の過去をいったん総否定しないと戦後民主主義ははじまらなかった。だから、明治維新から敗戦までの歴史をすべて暗黒のものだと描いていました。それはまあ、そういうものでしょう。

小林　そうですね、権力が交代したときの歴史の評価というのはそういうものでしょう。ただ、戦後教育を受けた者として、私がはっきりさせておきたいのは、まさにあの憲法だからこそ、日本は先の大戦に突入してしまったわけで、その「結果」から逆算すれば明治憲法は良きものであろうはずがない。

明治憲法をまとめると、まず、権力は人民の側にはなかった。主権が本当に天皇にあったのか、それとも実際に政治を担う重臣たちにあったのかは、議論が分かれるところですが、少なくとも形のうえでは「天皇主権」ですよね。

ですから、明治憲法下で国民に許された「自由」だって、天皇が法律でお認めくださる限りの自由ですから、おかしな政府を張り倒す権利もないし、そもそも、政府がお認めくださる限りの自由なんて「人権」ではありません。

しかも「統帥権の独立」というのを根拠に、軍隊が天皇の名前を出せば、その時点でもう誰も手出しできない。その結果、軍部が勝手に満州で戦争をはじめて、それに国全体がズルズルと引きずりこまれて、あのひどい負け戦になった。

▼天皇機関説事件で破壊された明治憲法

樋口　もちろん、そういう認識にはなんの異論もありません。私もそういうふうに講義をし、教科書を書きました。

ただ、戦前をまるごと否定的に描きだしすぎてもいけない。敗戦で憲法を「押しつけられた」と信じている人たちは、明治の先人たちが「立憲政治」を目指し、大正の先輩たちが「憲政の常道」を求めて闘った歴史から眼をそらしているのです。

仔細《しさい》にかつ冷静に明治維新から敗戦までのおよそ八〇年間の政治を眺めてみると、紆余《うよ》曲折ありながらも、日本の政治がとりわけ異常だったのは、一九三五年から一九四五年までの一〇年間なのですよ。

憲法の歴史で言うと、一九三五年とは天皇機関説事件で美濃部達吉が糾弾された年です。天皇機関説事件の後は、美濃部のような自由主義的な憲法学は国禁の説とされ、憲法の解釈がまったく違ってしまったわけですから。

小林　天皇を国家の機関と位置づける天皇機関説は、神権的な国体として天皇を位置づける論者を押さえこんでいましたよね。

樋口　天皇機関説事件の以前は、美濃部の説が主流派だったのですよ。政府や議会だけでなく、宮中までもが天皇機関説に納得し、国政すべてがその前提で運営されていたわけですからね。

小林　そういう意味で、欧州の立憲君主体制を真面目に目指し、一九三五年まではそのように国政を運営できた。そこを評価なさる。なるほど、よく分かりました。

▼一九世紀欧米基準を満たしていた明治憲法

樋口　しかも憲法の条文そのものも、決してだめだったわけではない、当時の先進国の水準に合わせようとしたものだったのです。

明治憲法の本文の前に置かれた告文《こうもん》という文章は、明治天皇が万世一系をさかのぼった神様に、憲法を制定し近代国家にしましたよと報告するものです。文体も神道の祝詞《のりと》ふうです。神がかりです。憲法発布勅語も、天皇が定めた欽定憲法としての性格を強調しています。

それに対し、第一条以下の条文はどうか。ここには、当時の世界的な外交用語であったフランス語にせよ、英語やドイツ語にせよ、翻訳して違和感のある言葉は、最後の七十六条までひとつも出てきません。

小林　そういえば、今回の草案に出てくる「伝統」や「和」などといった言葉は明治憲法には一切ないですね。

樋口　法律用語をどうやって日本の社会の文脈に合わせて翻訳していくのか、必死で議論した記録が残っています。

たとえば第一条。ここでは「大日本帝国ハ万世一系ノ天皇之ヲ統治ス」と規定していますが、「統治する」などという観念は西洋風だから、入れてはならぬという考えがあったのです。

憲法起草の中心にいた井上毅《こわし》が最初に考えていた文案は「日本帝国ハ万世一系ノ天皇ノ治《しら》ス所ナリ」でした。天皇は歴史的に「統治」などしていない、「しらす」のだという文脈でのことです。井上自身にも、国学的国家論を援用することの魅力に引かれる面があったのです。

「しらす」というのは、もともと、国の未来や万物の自生を「知らす」という意味で、元来、天皇がもっていた「祭司的」な役割から来ている概念です。日本の伝統だと、天皇は「統治」するのではなく「しらす」なのだ、ということです。権力者が土地・人民を私産として支配する「うしはく」と対比される言葉です。

小林　なるほど、でも、これは英語やフランス語に翻訳できない。

樋口　当時の明治政府にとっては江戸幕府が結んだ安政五カ国条約、いわゆる「不平等条約」の改正が死活的な問題でした。そこから脱却するためには、なんとしても国内の法整備を急ぎ、日本が西欧的な基準に適合した「近代国家」だと認められる必要があった。でも、その国家の骨格を成す憲法に「しらす」などという、西洋人には理解できないような言葉や概念が入っていたのでは、不平等からの脱却など叶《かな》うわけがない。

だから、西欧の近代的な概念に対応した「統治」という言葉になった。

このように、伊藤博文たちがつくった大日本帝国憲法には、一九世紀当時の「近代国家」を支える思想や概念を、必死に学び、それを新しい国の仕組みのなかに活《い》かしていくのだという、先人たちの意思というものが明確に表れているわけです。

もちろん二一世紀の我々の目から見れば、古いことは古い。とはいえ、当時のヨーロッパの基準に適《かな》った形でできていた。

小林　はい。

樋口　それから一般の人が誤解しがちな文言で、第三条に「天皇ハ神聖ニシテ侵スヘカラス」というものがあります。「神聖」というと、天皇の神権が憲法に書きこまれているではないかと感じるかもしれません。しかしながら、あれはヨーロッパの近代憲法の伝統から言うと、正常な法律用語なのです。

起源はフランスです。フランス革命で主権は国民のものになったけれども、象徴天皇のように、国民主権のうえで王制を認めていたでしょう。フランス革命後の一七九一年憲法は王様の地位を規定した条文に「アンビオラーブル・エ・サクレ（不可侵にして神聖）」という言葉を使いました。

しかし、これは王は民事・刑事の裁判に服さないというだけの意味です。国家元首としての通則です。つまり、神様として敬えというような道徳の規定ではなかったのです。そうした考え方をモデルとしたベルギーとプロイセンの憲法があり、さらにそれを学んだ明治憲法に受け継がれたものです。

だから「神聖不可侵」という明治憲法の言葉も、一九三五年から一九四五年までの時期には天皇は神聖なる現人神《あらひとがみ》だという主張と重ね合わせられてしまったけれども、最初の段階では、神様がいるか、いないかなんていう話ではなくて、法的な用語にすぎなかったわけでしょう。

これを逆に見ると、天皇機関説事件の影響は絶大だったことが分かります。ここで時代は暗転する。憲法の解釈を大きく変えて、天皇は神様だから天皇の命令は絶対で、上官の命令は天皇の命令だというふうになった。一九三五年以前と以後で、大きく違う。この点を十分、承知したうえで、日本の近代の憲政史を見なくてはいけないのです。

小林　一九三五年から敗戦までの一〇年間と言えば、第一章でご報告したように、改憲マニアの世襲議員たちが郷愁してやまないあの時代です。

安倍政権の「壊憲」が、後世の教科書で、天皇機関説事件と並べて書かれないですむことを祈りたいです。

▼日本の民主主義の「復活」を求めたポツダム宣言

樋口　しかも、明治の政治家たちは、現在の明治憲法郷愁派の議員たちにくらべて、はるかに立派でした。反対すべき問題が起これば、きちんと反対し、議論している。

小林　第一章でもおっしゃっていたように立憲主義についてきちんと理解が及んでいたんですね。

樋口　有名なのは、戦争の真っ只中《ただなか》に民政党の斎藤隆夫が行った衆議院での反軍演説ですね。名演説と言えば、貴族院でも徳川義親侯爵が治安維持法に反対して、こう言っている。

「私は決して共産主義でもなく、決して無政府主義でもございませぬが、尚《な》ほ此法案を惧《おそ》れるのでございます、特権階級中の特権階級である我々が、本案に遽《にわか》に賛成いたさない意思を表明いたしまするのは、余程勇気を要する次第でございます、併《しか》し敢《あえ》て茲《ここ》に私がそれを致しまするのは、或は此事が杞憂かも知れぬ、又杞憂であれば誠に幸と存じますが、本法実施の暁に於きまして、治安維持の目的が、却《かえっ》て反対の結果に陥りはしないだらうかと云ふことを、私は惧れるのでございます」

『憲法の国会論議』（三省堂〔一九九四年〕）

小林　支配層といえども、ノブレス・オブリージュを果たす人はいた。

樋口　関東大震災のときの朝鮮人虐殺事件も衆議院でちゃんと告発している議員がいまし

た。その田淵豊吉という無所属の議員自身が、こういうことを議場の外で述べれば私はたちどころに発言禁止を喰らうに違いないけれども、しかし、この神聖なる議場では誰も止めることができないはずだと言って、発言しているのです。それにくらべると、今の国会の現状はどうか。

選挙民から政治を託されているという自覚を今の議員たちはもっているのでしょうか。また、こういう日本の立憲主義、民主主義の歴史を知らないで、小林先生のおっしゃる改憲マニアの議員たちが「明治憲法に戻りたい」と言っているのだとしたら、一九三五年以前の日本近代史を侮辱するもの、むしろ、それこそ自虐的な議論なのですね。

小林　はい。

樋口　もうひとつ挙げておきたいのは、ポツダム宣言の文言です。ポツダム宣言の第一〇項には、日本が約束させられたことのひとつとして、「日本国政府ハ日本国国民ノ間ニ於ケル民主主義的傾向ノ**復活強化**ニ対スル一切ノ障礙ヲ除去スヘシ」と書いてある。

連合国側は、ファシズム期以前の日本に民主主義的な流れがあったことをきちんと知っていたということです。それは大正デモクラシーだけではなく、その前には自由民権運動があり、幕末維新の時代には「一君万民」という旗印で平等を求める動きもあった。それどころか、全国各地で民間の憲法草案が出ていた。

そういう「民主主義的傾向」の歴史を、アメリカのほうは、理解していた。だから、日本国憲法を「押しつけ憲法」だと簡単には言ってはいけない、というのが私の整理の仕方です。

ここまでの議論をまとめると、自民党改正草案は、近代法からの逸脱だということです。民主主義的傾向の芽生えのあった明治期への回帰どころか、前近代への回帰です。近代法を捨てて、「いにしえ」の東アジア的な権威主義に戻ろうとしている。自民党の改正草案を近代法として懸命に起草された明治憲法と一緒にしてはいけない。

小林　自民党の草案のように万が一、改憲されるようなことになれば、日本が金王朝の北朝鮮のようになってしまう。現代の日本を、「いにしえ」の時代から根強くある東アジアの専制政治国家に戻してしまってはいけませんね。

第三章　憲法から「個人」が消える衝撃

▼「個人」から「人」へ

小林　第二章では、明治憲法が近代法として起草され、政治家たちも緊張感をもって立憲主義、民主主義を実践しようとしていたことを、樋口先生から教えてもらいました。明治憲法郷愁派の改憲マニアたちによる改正草案を「明治憲法と同じだ」と評価していては甘すぎる。そのことがよく分かりました。

樋口　そうなのです。私が強調しておきたかったのは、その明治憲法がつくられるプロセスでも、当時のヨーロッパの標準となっていた「近代」的な価値観をこの国の新たな形に組みこもうと格闘した先達たちの努力があったということ。また、その後も、明治憲法体制を一所懸命、立憲政治のほうに引き寄せて、大胆に、かつ勇敢に発言しようとした学者や、政治家たちがいたということです。

日本国憲法のほうが明治憲法より優れている、という小林先生のご意見に異論はありません。しかし、それらにくらべて、自民党の改正草案はあまりにひどい。自民党が、とんでもない社会を目指していることがよく分かります。

小林　ここからは、具体的な条文を取りあげて考えていきましょう。私が一番、まずいと思っているのは、「個人」という概念がこの草案では消されてしまっているという問題です。

樋口　やはり、そこでしょう。「個人」が消えたということに驚愕《きょうがく》しました。

小林　自民党の草案では、「個人」という言葉をあえて削っている。日本国憲法の十三条と草案を比較してみましょう。

〈日本国憲法〉

第十三条　すべて国民は、**個人**として尊重される。生命、自由及び幸福追求に対する国民の権利については、**公共の福祉**に反しない限り、立法その他の国政の上で、最大の尊重を必要とする。

〈自民党「日本国憲法改正草案」〉

（**人**としての尊重等）

第十三条　全て国民は、**人**として尊重される。生命、自由及び幸福追求に対する国民の権利については、**公益及び公の秩序**に反しない限り、立法その他の国政の上で、最大限に尊重されなければならない。

「公共の福祉」が「公益及び公の秩序」に変更になっているという点も要注意ですが、最大のポイントは「個人」としての尊重から「人」としての尊重に変わったというところです。

樋口　同感です。わずか一語の変更ですが、非常に大きな問題をはらんでいます。

私はよく学生への講義で言っていました。「日本国憲法で一番肝腎な条文をひとつだけ言えと言われたら、十三条だろう」と。すべての国民が「個人」として尊重されるということが憲法の要《かなめ》なのです。

小林　ここで言う「人」の意味は「犬・猫・猿・豚などとは種類の違う生物」といった程度の、本当に軽い存在としての「人」です。それぞれに個性をもつ「個人」として尊重されるのと「他の動物よりは上」といった程度に尊重されるのとは大いに違う。

自民党の改憲マニアとつき合ってきて嫌だったのは、「個人の権利」を常に否定したがるという彼らの性癖ですね。彼らは、とんでもない理屈で「個人」という言葉を排除しようとする。

自民党の改憲マニアに言わせると、「日本国憲法に個人主義がもちこまれたせいで、日本から社会的連帯が失われた。だから、個人主義を排して、社会の土台をつくり直すのだ」ということだそうです。

改正草案十三条は、「個人」から「個」を削除することで、彼らの願望を実現しようとしていますね。

しかし、世界の成文憲法の歴史というのはアメリカ独立宣言からはじまりますが、それ以来、どういう価値観を引き継いできたのか。端的に言えば、人は人として生まれただけで幸福に生きる権利があり、幸福とはそれぞれが異なった個性をもっていることを否定せずにお互いに尊重しあうことで成立します。

その幸福の条件を国家は侵害するな、というのが憲法の要です。

樋口　アメリカ独立宣言に続くフランスの人権宣言でも、共同体の拘束から解放された自由な個人を主体とする、個人の権利だからこその「人」権なんですよ。

小林　ところが、改憲マニアは、国民が個々に好き勝手しているから、共同体が崩れ、モラル・ハザードが起きたんだ、というわけです。その主張には、一見、非常に説得力がある。彼らはこう言うんですね。最近、妙な殺人事件が多いでしょう、子が親を殺し親が子を殺すでしょう、それは「個人」などと言って、子供に勝手をさせるからです。家族がバラバラだからです、それは、「個人」を主張しすぎる憲法が悪いんですよと。

実際のところ、凶悪事件の件数は戦前より減っていますから、そこからしてなんの根拠もないんですがね。

樋口　家族をはじめとする共同体のなかに置かれた「人」という表現を打ちだすことによって、共同体から自由な「個人」を捨てた。これは根の深い問題なのですよ。

▼否定される天賦人権説

小林　私はこの十三条の変更を見たとき、心底、驚いたのですが、この「個」の一語について憲法学者がここまでの危機感をなぜ抱いているのか、一般の方たちにはもうひとつ分かりづらいと思うのです。ですから、ここはちょっと腰をすえて解説しましょう。
ご丁寧にも自民党が、改正草案と同時に草案の解説として「日本国憲法改正草案Q&A」という詳細な冊子を出してくれました。自民党のホームページからも閲覧できる。お時間があったら、読者の皆さんにも、ぜひ見ていただきたいのですが、これがまたひどい。
樋口「Q&A」をひもとくと、最初から驚くべき説明の文字がおどっています。草案全体を通じた「ポイント」として「天賦人権説に基づく規定振りを全面的に見直」すという意図を明らかにしているのです。

小林　驚愕ですよ。今、話題にしている十三条のある「第三章　国民の権利及び義務」についでは、こんなことが書いてあります。

〈自民党「日本国憲法改正草案Q＆A　増補版」5　国民の権利及び義務　Q14〉

権利は、共同体の歴史、伝統、文化の中で徐々に生成されてきたものです。したがって、人権規定も、我が国の歴史、文化、伝統を踏まえたものであることも必要だと考えます。現行憲法の規定の中には、**西欧の天賦人権説に基づいて規定されていると思われるものが散見される**ことから、**こうした規定は改める必要がある**と考えました。

樋口　つまり、今の憲法は「西欧かぶれの天賦人権ぶりでよろしくない」と言っている。

小林　それと同時に、「日本の伝統のなかには、一人ひとりが生まれながらにして権利をもっているなどという考え方はない」ことを示唆している。つまり、すべての人、一人ひとりが生まれながらにして権利をもっているという考えを、きっぱり捨てていますからね。

こんなことをよく恥ずかしげもなく書けるものです。なにかの間違いではないかとあきれるのですが、これが自民党の本音です。天賦人権説については、自民党の片山さつき議員が、ツイッターでさらに明確な補足説明をしてくれています。これは十三条ではなくて、自民党の改正草案前文についての言及なのですけれども、片山議員はこう言っている。

「国民が権利は天から付与される、義務は果たさなくていいと思ってしまうような天賦人権論をとるのは止めよう、というのが私たちの基本的考え方です。国があなたに何をしてくれるか、ではなくて国を維持するには自分に何ができるか、を皆が考えるような前文にしました！　２０１２年12月６日」

天賦人権説をとるのはやめようというのが、「私たち」自民党の基本的な考え方だそうですよ。生まれながらの権利を保障するのはやめた、とここでも言っている。

▼天賦人権の思想は日本に存在しなかったのか

樋口　小林先生は慶應義塾大学ご出身で、そこで長く教鞭《きょうべん》をとっておられましたが、福澤諭吉の「天は人の上に人を造らず、人の下に人を造らず」という言葉は間違っていると自民党は言っているわけですね。

しかも、天賦人権説を削除する理由が、西欧かぶれだから、ということになっている。

小林　天賦人権説は西欧の伝統で日本にはないものだから憲法から外そう、というのは、間違っているし、今の自民党のやっていることとも、大いに矛盾していると思うのです。たとえば、安倍首相が二〇一五年四月にアメリカの連邦議会で演説しましたよね。

樋口　安保法案を日本の国会に提出するより先に、夏までの成立を約束してきたあの屈辱的な演説ですね。

小林　その演説のなかで、こんなことを言っているんですね。

「日米同盟は、米国史全体の、四分の一以上に及ぶ期間続いた堅牢さを備え、深い信頼と、友情に結ばれた同盟です。

自由世界第一、第二の民主主義大国を結ぶ同盟に、この先とも、新たな理由付けは全く無用です。それは常に、**法の支配、人権、そして自由を尊ぶ、価値観を共にする結びつきです**」

この演説と草案の前文とどう整合性をつけるんですかねえ。「日本国民には生まれながらにもつ権利はございません。それが日本の伝統です。国に奉仕してはじめて権利がもらえる美しい国です」とアメリカの議員たちの前で言ったら、「価値観を共にする国」だとは、誰も思わないでしょうね。

樋口　アメリカ人は驚くでしょうねえ。

小林　日本も北朝鮮と同じだったのか、と驚愕するでしょう。あるいは、日本国民を皇国日本の臣民に戻すのが、自民党のねらいなのか、と思うでしょう。

樋口　ここは冷静に、天賦人権説というものが、本当に日本の歴史や伝統にそぐわない、西欧的な価値観の押しつけだったのか。そこを考えてみましょう。

小林　自民党が言うように、はたしてGHQに日本国憲法を押しつけられたときに紛れこんできたのが天賦人権説だったのか、ということですね。

当然ですが、それは間違いですよ。先ほど樋口先生が挙げてくださった福澤諭吉の「天は人の上に人を造らず、人の下に人を造らず」という成句には原典がありまして、「all men are created equal」（すべての人は平等につくられている）というアメリカの独立宣言の一部を福澤が翻訳したものなんですよ。

「ほら、西洋の受け売りだろう」と自民党は言うかもしれませんが、ちょっと待ってほしい。これは原文の形が見えないほどの名訳ですよね。原文の形はまったく分からないけれども、その意味するところを完璧にとらえている。これほどの名訳は、その思想が翻訳者のなかになければ、出てこないものです。

樋口　日本の側にも、原文の天賦人権説と響き合う思想的な実態があったわけですね。だからこそ、名訳が出て、当時の日本の多くの人の心に刻まれた。

具体的な例も挙げましょう。第二章でも少し触れたように、明治の初期には、民衆の憲法運動というものもありました。民権運動家や元・下級武士が憲法の草案を書いている。それを見ると、人民の権利をしっかり自分たちの言葉で書いている。立派なものですよ。

小林　人間はそれぞれに平等なんだという考え方が、日本になかったというのは言いがかりですね。

樋口　「天」という概念についても、西欧固有のものではない。実際、天の思想は古来から中国にもあるし、それが日本に伝わって、ずいぶん昔から存在している。

小林　だからこそ出てきた「天は人の上に人を造らず」の訳ですから。

樋口　あるいは、楠木正成《くすのきまさしげ》です。彼が旗に記したという「非理法権天《ひりほうけんてん》」という言葉がありますが、これは最後まで欺くことができないのは天だという意味です。

人間の決めるルールとは別に、人間が手を触れてはいけない大事な価値があるという、そこをとってみれば西欧の思想と重なる。この思想が天賦人権説や立憲主義の源です。つまり、天賦人権説は、西欧だけの価値ではないのです。それを制度化したのは確かに西欧の歴史だけれども、この地球の文明の多くが共鳴するところをもっている「普遍的」な価値なのです。

だから、日本国憲法は、前文で「人類普遍の原理」という言葉を用いて、日本国憲法を近代の憲法史の嫡流にあると自己定義している。

小林　安倍首相がアメリカの議会で、日米は「価値観を共にする国」であると演説して、拍手がわくのも、その普遍的価値のおかげなんですけどね。

樋口　先ほどお話をした明治の憲政の歴史のなかにも、個人として神聖な議場に立つ議員がたくさんいました。無所属の議員ひとりで関東大震災の後に、朝鮮人虐殺をあえて帝国議会で問題にするような個人も出てくるし、戦争目前の時期に、議会から除名されることになっても反軍演説をやる個人も出てくる。

だから、決して、日本には伝統的に「個人」がいなかったわけではない。まして権力にとって都合の悪い自己主張が「日本的でない」わけではない。

小林　権力に都合の悪いものを「日本的ではない」とレッテルを貼り、排除しようとしているようにしか見えません。

「個人」から「人」へのたった一文字の変更です。しかし、この一文字を削ることは、日本の将来に禍根を残すに違いありません。

第四章　自民党草案の考える権利と義務

▼「権利には義務が伴う」は本当か？

小林　第三章では、個人という概念や生まれながらにもっている権利というものが、自民党の憲法改正草案では消去されているという事実を確認しました。

それと同時に恐ろしいのは、彼らが国民に多くの義務を課そうと躍起になっている点です。自民党の勉強会では、こんな話を議員たちからたびたび聞きました。「国民は自分の権利ばかりを主張して、公のためを考える気持ちを忘れている」「日本国憲法のなかには『権利』という言葉が二十数回、出てくるのに、国民に課せられる義務は三つだけじゃないか」「国会議員には、憲法擁護義務などという面倒なものもある」。

樋口　それは、そもそも国会議員というのは権力者であって、国民と同じ土俵に乗っているわけではないのですから、当然のことです。

小林　彼らに言わせると、「不公平」なんですよ。それで、国民はもっと「公益」だの「公の秩序」に従うべきではないか、と言うのですね。

ところが、実際、「公」というのは誰を指すのか、ということが問題です。「公」は人格をもって立ち現れるものではありませんから、「公」にまつわる事柄を実行する俺たち権力者に従え、国民はいちいち「権利」などを主張するな、ということになりかねない。非常に雑に言うと、自民党の本音はそういうことのようです。

樋口　少し極端におっしゃっているにしても、慄然《りつぜん》とさせられますね。

小林　そうした彼らの気持ちが色濃く反映されている条文が改正草案の十二条です。

〈自民党「日本国憲法改正草案」〉

(国民の責務)

第十二条　この憲法が国民に保障する自由及び権利は、国民の不断の努力により、保持されなければならない。国民は、これを濫用してはならず、**自由及び権利には責任及び義務が伴うことを自覚**し、常に公益及び公の秩序に反してはならない。

つまり、「自由及び権利には責任及び義務が伴うことを自覚」しろと、国民に迫っているわけです。しかし、これは根底から間違っています。

「権利と義務は表裏一体で、権利があるなら義務もあるはずだ」という主張がどう間違っているか。憲法における「権利と義務」は、そういった代償的な関係にはないのです。

確かに「権利には義務を伴う」という話は、正しく聞こえます。たとえば、お金の貸し借りをする場面を考えてみましょう。お金を貸した人にはお金を返してもらう「権利」が発生し、同時にお金を借りた人には返す「義務」が生じますね。債務者には、常に債権者が対応して存在している。こういう例を念頭に「権利が生まれると義務も発生します。権利と義務は一対のものでしょう？　権利と義務は表裏一体なのです」と彼らは主張するわけです。

ところが、注意して見ると、この金銭の貸し借りの場面では、権利をもっている人と義務を負う人は別の人だということが分かります。

では、自民党が言うような「国民が権利を得るためには義務という代償を払え」「権利者である国民には、権利の代償として義務が伴うべきだ」という話になると、どうか。権利をもつのは、国民です。義務を負うのも、自民党は国民だと言っている。それでは、権利をもつ人と義務を負う人は同じではないですか。

どうして国民が権利を得るために、国民に義務が発生するのか。自民党の説明は説明になっていない。

樋口　その説明は非常に明快で、分かりやすいですね。我々、国民はもともと人権をもっていて、それを尊重、擁護する義務は国側にある。これは代償的な関係ではない。「国民は権利をもっているのだから、国に対する義務も負うのが当たり前」という論理は成立しない。

小林 そうなのです。そうした批判に答えられないから、歴史的に見ても、世界標準から言っても噴飯ものなのだけれども、最近の自民党は、天賦人権説までも否定する羽目になっているわけです。「お前らには生まれつきの権利なんかないのだ。国家様に尽くした奴にだけ権利を渡してやっているんだ、勘違いするな」と。

▼明治時代の「権利と義務」論争

樋口 ここでまた明治の政治家たちの話をしたいのですが、いいですか。

小林 はい、ぜひ。

樋口 権利と義務について明治の政治家たちがどう考えていたのか。明治憲法の草案を枢密院で審議していたときの発言で、伊藤博文の有名な言葉があるのです。「抑《そもそも》憲法ヲ創設スルノ精神ハ、第一君権《くんけん》ヲ制限シ、第二臣民ノ権利《けんり》ヲ保護スルニアリ」（『帝國憲法制定會議』岩波書店〔一九四〇年〕）と彼は言った。

小林　模範解答ですね。自民党の政治家に聞かせてやりたい。

樋口　実は、この議論、もっと深い話を含んでいるんですよ。伊藤博文の対論の相手は、文部大臣の森有礼《ありのり》です。

伊藤博文が憲法設立の趣旨を「臣民の権利の保護だ」と言ったのは、森有礼が「臣民の権利」という表現をばっさり削って「分際」にせよという提案をしたからなのです。ちなみにここでの「分際」は、責任というような意味です。

しかし、森有礼は、権威主義的な考えで、「臣民の権利を削除せよ」と言ったのではないのです。なぜ削除せよと言ったのか。「臣民ノ財産及言論ノ自由等ハ人民ノ天然所持スル所ノモノニシテ、法律ノ範圍《はんい》内ニ於テ之《これ》ヲ保護シ、又之ヲ制限スル所ノモノタリ。故ニ憲法ニ於テ此等ノ權利《けんり》始テ生シタルモノ、如ク唱フルコトハ不可ナルカ如シ」という問答をしているのです。

小林　憲法に書かれようが書かれまいが、人は生まれながらに権利をもっているんだと言っている。これはすごいなあ。

樋口　伊藤というのは藩閥政権の親玉のひとりですからね。民主主義者でももちろんないし、自由主義者でもない。しかし、世界に伍《ご》していくためには、法制度を整備しなくちゃいかん、憲法というものも必要だ、憲法というものはこういうものだと主張した。そして、森にいたってはもう一歩先に行っている。模範答案よりもう一歩、それこそラディカルな自然権論、それこそ天賦人権の主張なのです。

小林　ずいぶん水準の高い応答ですねえ。

樋口　ええ。この森有礼という人は、あまりに進みすぎていて、西欧かぶれだといって右派から嫌われた。それで、記念すべき明治憲法の発布の日に大礼服を着て出てきたところを、極右の暴漢に襲われて刺殺された。「文部大臣・子爵」として大日本帝国憲法に署名もしています。決して、アウトサイダーとして外野から憲法を論じていたわけではありません。

伊藤にしても、この森の発言に対して、いや臣民には生まれつきの権利なんかないのだ、国家に尽くしてはじめて権利を与えられるんだなどという反論はしていない。

小林　自民党が明治憲法こそ日本人がみずからの手でつくった近代憲法の理想だと言うならば、こういう議論があったことも心に留《とど》めておいてほしいものですねえ。

改正草案のように憲法を変えると言うのなら、歴史に名を遺す明治の元勲たちが「憲法は権力者を縛って、人民の権利を守るものだ」「その権利は憲法に書かなくとも人民が天然所持するものじゃないか」とやりあっていた、日本が誇るべきこうした憲政史を無視するのと同じですよね。安倍さんも伊藤博文と同じ長州人なのに、長州人として、これを受け継ぐ誇りはないのですかね。

▼「日本国憲法が国民の権利主張を暴走させた」は嘘《うそ》

樋口　それに、そもそも、日本国憲法が国民の権利の暴走を許しているという言説も、明らかに間違っているのです。憲法が国民に保障するすべての権利には、自制を求める内在的な枠組みがあるのですから。

小林　日本国憲法でも、第三章で見た十三条の前に、十二条があるわけです。

〈日本国憲法〉

第十二条　この憲法が国民に保障する自由及び権利は、国民の不断の努力によつて、これを保持しなければならない。又、国民は、**これを濫用してはならない**のであつて、常に**公共の福祉のためにこれを利用する責任**を負ふ。

すべての権利は濫用してはいけません、すべての権利は公共の福祉に従わなければならないと、ちゃんと書いてある。

私はシンポジウムで櫻井よしこさんが講演しているのを、偶然にも三回ほど聞いているのですが、例によって、「権利はたくさんあるけれども、義務が伴わなければいけませんよね」と聴衆に語りかけるわけですよ。「権利と義務のバランスを取り戻さなければいけませんね」と論じていて、みんな「うん、うん」とかうなずいているわけ。

だから、あるとき、その櫻井さんの後で登壇した私がこう教えたんですよ。「第十二条というのがあるのをご存知ですか」と。これは「総論」と呼ばれるもので、そこで定められた制約は、「この憲法が国民に保障する自由及び権利」すべてにかかるんですよと。いちいち、権利を定めた条文に、馬鹿みたいに義務なんか添えなくても、ちゃんと好き勝手するなと書いてありますから、嘘を教えないでくださいねと。そしたら、櫻井さん、顔面蒼白《そうはく》で言葉がなくなっちゃった。

▼「国民の協力」に傾くスイス憲法

小林　そういうこともありまして、自民党や、それにくっついている御用学者やお仲間の評論家たちは、どうも「権利があるなら義務もある」論も、論破されそうでヤバいと気づいたらしいんですね。それで、今度はなんと言いだしたか。
「いや、世界を見てください。憲法というのは、国民の権利を守るために国家を統制するだけの存在ではありませんよ、スイスの憲法を見てみましょう」と言うんですね。

樋口　ああ、その議論ですね。ちょっと教科書みたいに、専門的になりすぎないかな。

小林　でも読者には、このもっともらしさにダマされてほしくないじゃないですか。できるだけ簡潔に話しましょう。

樋口　ええ、そうですね。

小林　スイスの憲法になんと書いてあるか。普段、日本人があまり見る機会もないものですから、ちょっと引用しておきましょう。

〈スイス連邦憲法〉

前文

全能の神の名において！

スイス国民及び州は、被造物に対する責任を自覚し、世界に対する連帯及び開放の精神において、自由及び民主主義並びに独立及び平和を強化するために同盟を刷新することを決意し、相互に配慮し、尊重しつつ統一の中の多様性の下に生きる意思を有し、**共同の成果及び将来世代に対する責任を自覚**し、自由を行使する者のみが自由であるということ及び国民の強さは弱者の幸福によって測られるということを確信し、次のとおり、憲法を制定する。

第六条　個人的及び社会的責任
全ての人は、自己に対し責任を負うとともに、**その能力に応じて国及び社会における任務の遂行に寄与する。**

スイスにおいての憲法とは、国家と国民が協力して国を運営していく、その約束事という扱いになっています。「共同の成果」とか「国及び社会における任務の遂行に寄与」という言葉で、国民が国と協力することが義務のごとく明文化されている。
自民党の改憲マニアたちはこのスイス憲法の「共同」という概念をもちだして、もう鬼の首を獲《と》ったように喜んでいるわけです。権力を縛るのだけが憲法ではないぞ、国民が国家に協力するという形で義務を課している憲法があるぞと。
世界に二百あまり憲法があるなかで、スイスという一国の憲法ひとつだけを取りだして、大騒ぎしているのは、情けない限りですが、ともかく、このスイス方式の協力というスタンスを、そのまま日本にもちこもうというのは、非常に危険だと思うのですね。

樋口　同感です。

小林　国民は国家に協力せよと言ったとき、権力者はどういうロジックを使いはじめるかと言うと、「私は権力者という仕事を真面目に果たしています。それに引き換え、汝ら一般人民、協力が足りない。お前、非国民だな」となる。
つまり、義務という言葉を使わずに、義務を国民に強いることができる。憲法における「協力」という文言は簡単に「義務」に変わる、非常に危うい面をはらんでいるのです。

▼近代憲法から逸脱する危うさ

樋口　学会の議論のようにはしたくないのですが、スイスの憲法というのは、「国民が権力を縛る」という近代憲法の形式からは、離れる傾向に向いているのです。一九九九年に全面改正されたものが現在の骨格を成していて、その後も、二〇〇四年などにも改正している。非常に新しい憲法だと言っていいでしょう。近代的な憲法観を超えたポスト近代の発想でつくったというふれこみですが、ポスト近代憲法は要注意なんですよ。
　戦後、西ドイツの憲法にやはりそうした近代憲法からの逸脱に向かう方向性があって、私は批判的に分析していたのです。

小林　東西冷戦が非常に緊張していた時期でしたから、「お前たち国民を共産主義から守ってやるから、お前たちも国家に協力しろ」という部分があったのでしたね。

樋口　そう。目の前の敵を前提に、やはり国民に協力義務を課すという方向にもっていける条文が西ドイツの憲法には確かにあったわけです。

小林　あれは近代憲法の枠からはみ出ている。

樋口　なぜ、そういう近代憲法から逸脱した条文が、ヨーロッパ先進国の西ドイツでまかり通ったかというと、当時の危機感として、ともかく共産主義の台頭を抑えたいという意図があったのです。
　言論・思想や結社の自由に関しても、憲法秩序に反するものは禁止するという考え方です。これは、ナチズムの再登場を防ぐためとも説明されたものです。ワイマール憲法には、憲法自身を否定する勢力を封じるという規定がなく、ヒトラーにまで、十分な言論と活動の自由を与えてしまった。だから、今度は、そんな野放図なことはしないのだという対応が出てきたわけです。

小林　自国の歴史的体験に基づいて、自由に対する警戒心をもったわけだけれども、西ドイツ憲法にはそれが、ちょっと行きすぎちゃったところがある。

樋口　それに基づいて、憲法裁判所が一九五〇年代に、一方ではネオナチ政党を解散させ、他方では共産党を解散させた。これに対しては、ドイツの憲法学者のなかでも、「たとえ自由を否定する言論であっても、それが言論に留まる限りは憲法上の保障を施すべきだ」という、オーソドックスな近代憲法の見方から出た批判もあったのです。

実際にも、ヨーロッパの東西緊張が緩んでくるのに対応して、ドイツの憲法裁判所のスタンスも変化してきました。一九七〇年代以降、「国家が守ってくれているから、国民は国家の言うことを聞こう」というポスト近代路線から離れて、自由の擁護を基本とする近代憲法のオーソドックスな見解に戻ってきている。

小林　ところが、スイスはポスト近代的な憲法をその後につくったわけですね。そこに飛びついているのが自民党だという構図なわけです。

▼「共生」「協力」は「義務」に転化する

樋口　それこそ自民党の大好きな、文化や伝統ということで言うと、スイスにはスイスの歴史や市民意識があるわけです。

そもそもスイスは連邦制で、二六の「カントン」（州）が憲法一条に列挙されていますが、スイス全体の大きさとカントンの数の多さから想像できるようなサイズで、そのカントンが「主権」をもつという建て前（三条）です。「国」も「社会」も一人ひとりの近間《ちかま》のものなのです。

スイスでは、一人ひとりが自分自身、政治を行うのだという意識をもって国民は生きてきた。直接民主制を掲げていて、国民投票も発議しやすい。そういう文化的な素地があるので、先ほどの権利と義務の話でいうと、「国民の権利を守るのは国だ。じゃあ、国って誰がやっている組織だろう。それは自分たちだ」と。つまり、権力者イコール市民であるという共通認識がある。

小林　スイスは人口も少ないですから、ちょっとした政策変更でも国民投票で決めたりするんですよね。日本の政治の環境と違うんですよ。

樋口　そういうスイスのような環境のなかで憲法を考えると、「権力」対「個人」という対抗関係が見えなくなって、大切なのは権力者でもある一人ひとりの市民の共生、ということになるわけです。国家は、個人と対立するようなものでなく、一種の共同体の管理者のようなイメージです。

だから、「権力を縛る」という近代憲法の構造ではなくて、ポスト近代の構造が受け入れられやすいのです。

小林　ところが、自民党はそういう前提をすっ飛ばして、「これからの時代は、国家と国民がともに生きるんですよ。だから国民も国家に協力しなさい」と言うわけですね。そして、戦後のポスト近代憲法よろしく、「守ってやるから、俺の言うことを聞け」と。

今の安倍首相の主張は、まさにそうじゃないですか。やたら、「世の中、危険になりました。私には国民の命と生活を守る責任があります、私が最高責任者です」って、力みますよね。

樋口　首相が自分で守ってくれるわけじゃないのに。シリアでダエーシュ（いわゆるイスラム国）に拘束され殺害されたジャーナリストの後藤健二さんらの命を守るために必要なことをやったと言えるのでしょうか。

小林　「国家権力と国民大衆は敵対関係じゃないんだよ、権力は国民の延長線上にあるんだよ」というのも、自民党がよく使うフレーズですが、しかし、国家権力と言ったって、それは抽象的な法人格で、肉体をもっていない。だから、国家の名で行動する自然人、公務員たちの親玉は誰かと言えば、それが現在、安倍首相なんですよね。だから、国家と国民が共生とか協力するということは、安倍首相と私個人が協力させられる関係になるんです。

樋口　それは、彼らの頭のなかでは、ということですね？

小林　そうそう。それで、安倍首相は権力者ですから、自分を良く評価する。私は、こんなに良くやっていますよ。安保法制も通しましたよ。米軍にも喜ばれましたよ。それに引き換え、あなた、一国民の小林節くん、どうも国家への協力が足りないね、という不満が権力者の側にふつふつとわきあがるわけです。

樋口　そんな比較をされたら、すべての国民は権力者に引き換え、なにもしていない、なんの義務も果たしてない、ということにされてしまいます。

小林　そうなんですよ。このロジックで全国民を支配できてしまう。もし、日本の憲法が自民党の改正草案の発想で、スイスもどきの、国民が国家に「協力する」という憲法に書き換えられた場合、「あんたは協力する義務を負っているんだよ」と言われるわけです。

そんなことを許すと、徴兵制を義務づける論理だって簡単に導き出せる。自民党は憲法改正草案で、国を守ることについてなんと書いているか。

〈自民党「日本国憲法改正草案」〉
（領土等の保全等）
第九条の三　国は、主権と独立を守るため、**国民と協力して**、領土、領海及び領空を保全し、その資源を確保しなければならない。

国家は国民と「協力して」とあるでしょう。すると、協力と言いつつ、これは簡単に義務に置き換えられるわけ。国民の防衛協力の延長線上に、じゃあ、兵隊足りないよ、お前らなんで協力しないんだ、と。過去の政府見解は知らんが、現政権はこれを理不尽な苦役だとは解釈しないよ、などと言えてしまう余地がある。

▼ポスト近代を偽装する前近代的な条文を見抜け！

樋口　この議論、つまりポスト近代的な、「国家はもはや国民と対立しない。だから、協力関係になりましょう」という主張の危険性は、日本の憲法論争の歴史のなかでも、何度も確認されてきたものなのです。

それこそ岸信介が政治家として活躍していたころ、鳩山一郎内閣だった一九五六年に、内閣に憲法調査会が設置され、政権は日本国憲法に検討をくわえようと動いた。自主独立だ、再軍備だという議論がわき起こったのです。

その憲法調査会のなかでも、もっとも改憲に積極的な人たちから出された大きな主張として「福祉国家」というのがありました。

小林　今の若い人たちは驚くかもしれないけれど、そうなんですよ。

樋口　改憲派による福祉国家論とは、おおよそこういうものでした。「今までの近代国家観では、国民と国家は対抗関係にあるとされてきた。だからこそ、国家権力からの自由というのが、徹頭徹尾、一番大事なものとされてきた。しかしながら、世の中は変わったのだ。もはや国家と国民は協力関係にあるのだ」とまずは言うのです。そして、「国家は、国民にとって悪ではなくて、良きものとなった。要するに国民の福祉を担う存在になったのだ。だから、国家に対抗する権利よりも、国民と国家の協力について考えようではないか。協力の義務というものがあるのではないか」と続くわけです。

小林　はい、まるきり、どこかで聞いたような話ですね。最近、スイスの憲法を見つけて喜んでいる連中が、どこまでそういう自国の歴史に自覚的なのか知らないけれども。

樋口　当時の憲法学者たちは、この福祉国家論を熱心に批判したわけです。政権は福祉国家と言うけれど、これはとんでもない話だと。福祉国家というイデオロギーで、近代憲法の枠を踏み越えて、「権利よりも義務」という方向にもっていこうとする仕掛けが見え見えじゃないかと。

だから、憲法学者の世界での常識としては、政治家がもちだしてくるポスト近代的な憲法の議論というのは、実は前近代と結びついている、警戒すべきもの、という受けとめでした。

つまり、近代以前の王政や独裁制と結びつく要素があると見抜かれてしまった。それでいっときのポスト近代ばやりは終わったはずだったのです。

小林　アメリカでも似たような議論はありました。福祉国家を自称しはじめたとたんに、行政権力は、巨大な権限と莫大《ばくだい》な予算を握って、肥大化してしまう。当然、肥大化した権力は、故意だろうが故意でなかろうが、大きな間違いを犯すだろう。だからこそ、行政権力を民主的な手段で、あるいは憲法によって管理しよう、という考え方が発展してきたわけです。

ところが、いまだに自民党の勉強会では、形を変えた福祉国家論がまかり通っているのです。国家は親切でありがたいものなのだから、国民は協力せよという発想です。

しかも、平成版の福祉国家論は、行政権力の民主的な管理といった部分は、全部、抜きにした形です。

樋口 現在は、福祉すらも削ったうえで、国家に協力しないと国際的な大競争に日本は取り残されるぞという脅しだけが残ったということでしょう。

経済成長が難しくなった今、福祉という言葉自体を憲法に入れることを今の自民党は嫌っています。先ほどの改正草案の十二条、十三条からも削っていますね。「公共の福祉」という言葉が消えて、「公益及び公の秩序」になっている。

小林 秩序を保つということを上位の価値に置いている姿勢ですね。

樋口 「公共の福祉」が消されたことについては、二十二条について後で（第六章）引き続き議論しましょう。

第五章　緊急事態条項は「お試し」でなく「本丸」だ

▼緊急事態条項の正体

小林　第四章では、国家への協力という義務を国民に課したいという自民党の願望を炙《あぶ》りだしてきたわけですが、その願望を凝縮したような条項があります。これが、憲法改正の「一番手」として、議論がはじまった緊急事態条項です。

樋口　緊急事態条項を憲法に書きこむのは、世間で言われるようなソフトな「お試し改憲」ではないのです。この条項が憲法にくわえられると、相当、厄介なことになる。国家が国民の権利を取りあげ、協力という義務を課すようになる。つまり、第四章で言ったような「前近代」の国家に逆戻りです。

小林　震災対策うんぬんという議論が報道では主流ですから、国民の権利が奪われるという肝腎の話に行き着くまで、ステップを踏んで話をさせてください。

まず、緊急事態条項とはなにか。ごくごく簡単に言えば、これは大災害、内乱やテロ、戦争という緊急事態に日本が直面したときに、平時とは異なる権力の行使を認めるという条項です。

緊急事態条項を憲法に書きくわえたいという人々が、しばしば例に出すのが、東日本大震災のときの状況です。既存の一般道が使えなくなったあの大震災の直後、救助用の緊急ルートを切り開くために地主の許可などを取っている余裕はなかった。あるいは、津波で押し流されてきた自動車の所有者に撤去の許しを得ていることなど不可能だった。刻一刻と人命が失われていくという緊急事態において、個人の財産権などに構っていられない。議会のプロセスだって、踏んでいる暇はない。予算の議会承認がなかろうが、被災者のための食料を確保して配らないわけにはいかない。

災害に限らず、内乱やテロでも同じことで、とにかく事態を悪化させないためには、国家は迅速に動くしかない。通常の立法・行政のプロセスを無視し、憲法で保障されている「国民の権利」を踏みにじってでも動くしかない局面では、瞬時に決断して、国家の実力を総動員して、危険を押さえこむことが必要である。これが国家緊急権とも呼ばれるものの内容です。

ここまでの説明だけでは、国家緊急権は絶対に必要なのではないか、と読者は思われることでしょう。実際、東日本大震災の直後に自民党の改憲マニアの議員から連絡があったのです。こういう緊急事態を経験した今なら、国家緊急権に国民の理解も野党の理解も得られる。やっと憲法改正の入り口が見えました、と嬉しそうに言うのです。当時はまだ

「改憲派の小林」「自民党のお友達」として改憲マニアたちからお声がかかっていた時期でしたから。

そして、震災の翌年に出された自民党の憲法改正草案（第二次草案）には、「緊急事態」を扱う第九章（九十八条・九十九条）が新しく提案されたのです。「緊急事態」の章は、日本国憲法はもちろん、二〇〇五年の自民党第一次草案にもなかったものです。

樋口　ここで改正草案の緊急事態条項の全体をご紹介しておきましょう。とても長いので、この先の私たちの議論でテーマにしている条項にその都度、戻って読んでもらえればよいと思います。


〈自民党「日本国憲法改正草案」〉

（緊急事態の宣言）

第九十八条　内閣総理大臣は、我が国に対する外部からの武力攻撃、内乱等による社会秩序の混乱、地震等による大規模な自然災害その他の法律で定める緊急事態において、特に必要があると認めるときは、法律の定めるところにより、閣議にかけて、緊急事態の宣言を発することができる。

2　緊急事態の宣言は、法律の定めるところにより、事前又は事後に国会の承認を得なければならない。
3　内閣総理大臣は、前項の場合において不承認の議決があったとき、国会が緊急事態の宣言を解除すべき旨を議決したとき、又は事態の推移により当該宣言を継続する必要がないと認めるときは、法律の定めるところにより、閣議にかけて、当該宣言を速やかに解除しなければならない。また、百日を超えて緊急事態の宣言を継続しようとするときは、百日を超えるごとに、事前に国会の承認を得なければならない。
4　第二項及び前項後段の国会の承認については、第六十条第二項の規定を準用する。この場合において、同項中「三十日以内」とあるのは、「五日以内」と読み替えるものとする。

（緊急事態の宣言の効果）
第九十九条　緊急事態の宣言が発せられたときは、法律の定めるところにより、内閣は法律と同一の効力を有する政令を制定することができるほか、内閣総理大臣は財政上必要な支出その他の処分を行い、地方自治体の長に対して必要な指示をすることができる。

2　前項の政令の制定及び処分については、法律の定めるところにより、事後に国会の承認を得なければならない。

3　緊急事態の宣言が発せられた場合には、何人も、法律の定めるところにより、当該宣言に係る事態において国民の生命、身体及び財産を守るために行われる措置に関して発せられる国その他公の機関の指示に従わなければならない。この場合においても、第十四条、第十八条、第十九条、第二十一条その他の基本的人権に関する規定は、最大限に尊重されなければならない。

4　緊急事態の宣言が発せられた場合においては、法律の定めるところにより、その宣言が効力を有する期間、衆議院は解散されないものとし、両議院の議員の任期及びその選挙期日の特例を設けることができる。

▼フランスの緊急事態宣言がかえって示唆すること

樋口　その後、緊急事態条項を憲法に書きくわえたい人々にとっては、まさに奇貨というべき出来事が起きました。二〇一五年一一月一三日のパリの同時多発テロ事件です。この危機に際してフランスでは緊急事態の措置について定めた一九五五年の法律が発動されました。オランド大統領はそれを憲法条文化しようとしていますが、その憲法改正案は与野党それぞれのなかで賛否が分かれていて、成立の見通しは大きくありません。一方、日本国内ではこれを奇貨として、自民党は国家緊急権の規定のない日本国憲法に緊急事態条項を書きこむべきだという議論を展開しています。

危機が来る前になにか手だてをつくっておく必要があるという、この主張には一見、説得力がある。しかし、実際のところ、フランスでの緊急事態法の適用にしても、そのゆきすぎの実態、三ヵ月の期限切れの後も半永久的に更新されようとしていることなどについて問題が意識されはじめており、緊急事態宣言下で自国民同士のあいだでイスラム教徒とそれ以外の人々との亀裂と相互不信によって社会の安定が傷つけられているという批判が出ています。「奇貨」のつもりでもちだしたフランスの例が、むしろ問題性を意識させるものになっているのは皮肉です。

ところで、小林先生が国家緊急権についてどういう考えなのか。それをうかがっておきましょう。

小林　国家緊急権それ自体は重要な概念です。必要ないとは言い切れない。国家というのはなんのためにあるかというと、主権者、国民大衆の幸福を増進するためのサービス機関なのですから、緊急事態に際しては、通常のチェックス・アンド・バランシズのプロセスを省いてでも、危機に対応する権限を国家に与えることは必要です。しかしながら、緊急事態条項を憲法に書きこむことについては、反対の立場をとるようになりました。

国家緊急権が必要だとしても、憲法に書きこむのか、そうでないのか。それがこの問題の一番のポイントだと思うのです。

樋口　フランスの緊急事態法の話に戻って言えば、法律を根拠にしたものであって、憲法に基づくものではありませんでした。フランス政府は今回それを憲法に取り入れようとしていて論争の種になっていますが、今までのところは、ほとんどの緊急事態について法律レベルで対処してきた。

確かにフランスの現行憲法には、非常事態に際して大統領に権限を集中すると規定する十六条があります。この憲法十六条はあまりにも恐るべき武器だから、発動されたのは歴史上、一回だけ。アルジェリア戦争最末期に、ドゴール政権の民族自決策に不満をもったフランス軍の将軍たちが、植民地アルジェリアで軍事政権確立を企んで反乱を起こした。フランスの公的な立場から言えば、これは外国ではなく自国の植民地で起きた内乱でした。それを鎮圧する目的で、当時のドゴール大統領が憲法十六条に基づいて「非常大権」を発動したのです。

今回のパリのテロは、確かに大きな犯罪事件ではあるけれども、内乱ではない。この種の事態に対しては、フランスは既存の法律で——その運用の仕方についての批判はあるにしても——対応してきたのです。それにもかかわらず、パリのテロ事件を受けて国家緊急権を憲法化したいと言うのが、今のオランド政権です。ここには大きな飛躍、いや、まやかしがあります。

国家緊急権を憲法化するかどうかは、あやふやな議論でやってはいけないことなのです。国家緊急権というのは、権力の暴走を防ぐために手足を憲法で縛っているところを、緊急のときだけ解いてしまおうとするものです。これは、立憲主義の根幹に関わる、痛みを伴う議論のはずです。だからこそ、私の若い友人なのですが、理論憲法学の第一人者オリヴィエ・ボーなどが強く反対し、論争になっている。

先ほど憲法十六条が使われたのは一回だけだと言いました。けれど一回使った劇薬を麻薬として使いたいという誘惑はあったのです。与党が次の下院選挙（一九六七年）で負けるかもしれぬという情勢のなかで、憲法十六条を使おうという議論が出はじめたことがあったのです。このとき、ドゴール派の内部から、「化け物のような誤り」だとしてそれを押しとどめ、野党を勝たせ国を危うくすることが起こったとしてもそれは有権者の権利なのだ、みずからを救う権利はみずからを滅ぼす権利を必然的に伴うのであり、それこそが「自由の恐るべき偉大さ」なのだ、と説く正論が通ったのです。

ちなみにそれは私の恩師ルネ・カピタン先生の政治家としての発言なのですが、そういう反論が必要だったくらい、権力者にとって国家緊急権という麻薬の魅力は強いのです。その誘惑をはねつけるだけの強さがない政治の世界で国家緊急権ほど危ういものはないし、それだけの強さがあればそれを憲法に書きこむ必要はない。

日本について私自身の立場を言えば、国家緊急権を憲法化することについては一貫して反対です。憲法で国民の自由を保障し、緊急時の対応を定めた法律による自由の制限が例外的にありうる、という大きな枠組みを維持すべきです。憲法自身に国家緊急権を書きこむと、原則と例外が対等に並ぶことになってしまうでしょう。

▼危機への備えは法律の整備で

小林　正直に告白すると、かつては、憲法に国家緊急権を書きこむことも必要だと私自身は考えていて、その考えを活字にもしていました。

ところが、その考えを最近、捨てました。考えを捨てた理由はいくつかあるのですが、まず、憲法に国家緊急権を書きこむことで得られるメリットがない、という政策論的な観点から説明させてください。危機への対応は、憲法ではなく法律で準備しておく必要があり、憲法に書いてあっても現実対応の役には立たないのです。

こういうことを私が言えるようになったのは、阪神・淡路大震災や東日本大震災で実際に支援活動をした弁護士たちの意見を聞く機会があったからです。現場をよく知る彼らの主張はこうです。災害に際して、中央の政府の権限を強化したところで、被災地の状況は把握できない。状況を把握できない政府に判断を委ねても、時間がかかるし、間違いも起こる。生死の間際にある人々をそれでは救うことはできない。災害時に必要なのは、中央の権限を強化することではなく、自治体の首長に権限を委譲しておくことなのだと。さらに言えば、災害が起きてから、あわてて中央で対策や立法を練っていても間に合わない。

樋口　憲法に書きこんでおいても遅すぎるわけですよ。より良い対策を講じたいのならば、伊勢湾台風の対応の反省として、すでに災害対策基本法が一九六一年に制定されているのですから、こういう種類の法律の内容を必要に応じて、見直していけばいいわけです。

小林　震災の支援活動を行った弁護士たちも、災害対策基本法等に基づく緊急政令によって自治体が通常のプロセスを飛ばして直ちに危機に対応した措置を取れるようになっている、完璧ではないにしろ現状の方法で対応できたと言っていました。

大切なのは、実用的な法律の整備です。それにもかかわらず、東日本大震災を奇貨として国家緊急権の憲法化をねらうというのは、まやかしです。

東日本大震災に関連しておかしいと思うのは、「想定外」の原発事故という人災があったのだから、それに対応する修正をしなくてはいけないのに、原発事故への対応策は特段、強化されていない。危機への対応を怠りつつ、そのくせ、国家緊急権を憲法化したいと自民党は言う。

樋口　災害以外の危機についても同じ構図です。テロなど国内で起きた暴力について対応するには、警察法の「第六章　緊急事態の特別措置（第七十一条～第七十五条）」がすでにあります。外国からの攻撃については、武力攻撃事態国民保護法が二〇〇四年に施行されています。これらの法律の内容をそれぞれ批判的に吟味しておくという課題はそれとして重要ですが、新しい種類のテロという危機に対応したいのなら、これらの法律の内容を見直せば良い。

それ以前の問題として、実は日本政府自身が多分に緊張をつくり出すのに「貢献」してきたのではないかということは、我々が忘れてしまわないうちに事実に即して確かめておく必要があると思うのです。尖閣諸島の問題しかり、です。

小林　ここまでをまとめると、すでに現行憲法のもとでも、「公共の福祉」が人権に優先する例外的な場合があるという規定（十二条、十三条）を根拠にして、危機的な状況に対応する法律的な枠組みは整備されているということ。後は、それを使いこなすための日常的な訓練や、国から地方自治体（被災現場）に権限を下ろしておく法律の改正があればいいということです。

樋口　つけくわえておけば、緊急事態体制を批判的に問題にする側が、すでに法律に書きこまれている国家の権限をわざわざ「国家緊急権」と呼ぶことで、憲法への格上げへの窓口を開いてきた気もします。法律上の規定を「国家緊急権」などと名づける必要はない。そのように、今、私は考えています。

小林　なるほど。

▼国家緊急権を憲法に書きこむべきなのか

樋口　おかしな話なのですが、自民党が作成した例の「Q＆A」の文面のなかで、私たちが話をしてきた論点がかなり網羅されています。

具体的に見ていきましょう。緊急事態条項を置いた理由について「東日本大震災における政府の対応の反省も踏まえて、緊急事態に対処するための仕組みを、憲法上明確に規定しました」と理由を述べ、しかし、その後で「緊急政令は、現行法にも、災害対策基本法と国民保護法（中略）に例があります。したがって、必ずしも憲法上の根拠が必要ではありませんが、根拠があることが望ましいと考えたところです」と書いている。

つまり、緊急事態条項新設の理由として震災対応を掲げつつ、震災などの緊急の際の対応は既存の法律にすでに存在している、という矛盾を正直に言っている。だったら憲法化する必要がないでしょう、と突っこんであげたいのに、自ら「必要ないことも分かっています」と告白し、それでも「根拠があることが望ましい」となぜか論理を飛躍させる。

これを笑っているだけでなく、ここにどういう政治の意図が隠されているのかを、私たちは考えなくてはなりません。

もちろん一部の憲法学者が、緊急事態条項の憲法化を支持しているのは知っています。そのことと、自民党の意図は、コインの裏・表のような関係なのですが。

小林　かつて国家緊急権の憲法化を目指していた私の口で説明させてもらうと、緊急事態に、国家が一元的に強権的にその力を使うことは憲法の原則に反する、あまりに重大なことだからです。つまり、緊急時、権力分立と人権保障を否定しないと国は動けない。そのように憲法の原則を否定する恐るべき瞬間である以上、この事態は例外中の例外として憲法のなかに根拠がなければならない。

もし白紙の上に自分が憲法を書くことができるなら、緊急事態条項はあったほうが良い。危機が去った後に、緊急措置の是非を問うプロセスも含めて、憲法に書きこむべきである。かつては、こう考えていたわけです。

樋口　自民党が言う「必要」とは違う意味で、必要だということですね。

今のお話は、立憲主義を擁護する憲法学者が唱える、ひとつの説として成り立ちうることは分からなくもない。緊急事態条項をつくって、権力に掛けられている足枷《かせ》をほどく瞬間について書いておけば、形式的に、あるいは表面的には、立憲主義を守ったかのように見える。分かります。だからこそ、そのような主張への反論とのやりとりが、近代憲法のもとで反復されてきました。

小林　しかし、大いに反省しているのは、いかに権力というものについて私が楽天主義だったかということです。ここ数年の自民党を見ていて、「まさか現代国家のこの日本で……」と眼を疑いたくなるような政治が行われ、憲法そのものもないがしろにされています。私自身、遅まきながら、権力の本当の危うさを骨身にしみて分かるようになった。そして、あの自民党に改正草案そのままの緊急事態条項を与えたら、どうなることか。

緊急事態条項を憲法に書きこむべきだ、という善意の憲法学者の主張は、手足を解かれた権力が発揮する巨大な力に対する楽天主義の産物なんですね。

樋口　そのとおり！

小林　要するに、自民党が緊急事態条項の新設に躍起になっているのは、「俺たちの好きにさせろ」と言っているのに等しい。

自民党の改正草案の緊急事態条項では、緊急事態であると認定するのが内閣そのものでしょう。そして、認定してしまえば、内閣（つまり首相）は法律と同一の効力を有する政令を制定できる。つまり、内閣が「はい、これから緊急事態！」と決めてしまえば、それだけで、立法権は内閣のものになる。さらに、首相は財政上必要な支出を自由に行うことができるようになり、国会が排他的に握っている予算承認・拒否権という「国の財布のひも」も首相が預かることになる。さらに、首相は地方自治体に対して、あたかも部下に対するように指示を発する権限も有することになる。

しかも、緊急事態の宣言を、百日を超えるときには、「百日を超えるごとに、事前に国会の承認を得なければならない」と規定されていますが、ドゴール時代のフランスでも誘惑が働いたように、一度、手にした「万能の権力」をすぐに手放す気になるかどうか。

しかも、今のように与党が過半数を超えているときに緊急事態の宣言を行えば、次の選挙が行われるまで何度でも延長は可能で、権力はフリーハンドでやりたい放題です。

▼「永遠の緊急事態」が可能になる

小林　それと関連して、もうひとつ注意をしなくてはならないのは、九十九条四項で示されている衆議院議員の任期延長です。緊急事態だと認定されているあいだは、国会議員の任期の特例や選挙期日の特例を設けうるとなっていますが、これは議員の任期延長に使える。

ちなみに、この条項は、緊急事態の最中に国会に議員の「空白」を生じさせないため、と説明されていますが、とんでもない。現行憲法に参議院議員による緊急集会というのがきちんと規定されている。任期延長などしなくても、この緊急集会さえあればいい。だから「空白」を生じさせないため、という説明も、まやかしなのですが、ともかく緊急事態の宣言の延長を重ね、議員の任期延長によって与党過半数の維持を達成すれば、ロジックとしては「永遠の緊急事態」をつくることも可能です。

樋口　野党が憲法の規定によって求めた臨時国会召集を「いつまでに開催せよ」と憲法に書いていないから、と抗弁して開会しなかった経歴をもつ今の自民党です。衆議院を四年ごとに解散しなくてもよい、選挙を延期してよいというお墨つきが憲法に書きこまれたら、どう使われるか分からない。それを想像してほしい。

小林　要するに、この緊急事態条項は、内閣が緊急事態であると認定した瞬間に、三権分立と地方自治と人権保障を停止するという、大変、危険な条項なんですよ。つまり、これは日本国憲法そのものを停止させ、独裁制度に移行する道を敷くのと同じなんですね。

樋口　法を超えることをあらかじめ許す法、つまり権力担当者の使い勝手の良い法をつくってでも、危機的な状況でなんとか社会秩序を維持しよう、というのが緊急事態についての法制を求める人々の理由でしたね。

それに対して、私が言いたいのは、憲法を超えることをあらかじめ許してもらっておく、使い勝手のいい憲法規定をあらかじめつくってもらっておくということは、上位の権力所持者であればあるほど、彼らが難局に臨んで成すべき重大な決定についての責任意識と矛盾するのではないか、ということです。本来、権力者はそういう厳しい選択を自分の責任においてすることが求められているはずではなかったのか。

しかも一度、法を超えることを許された法に頼ると、これは手放せなくなる。国家緊急権は劇薬かつ麻薬です。

▼国民に義務を課す緊急事態条項のねらい

樋口　改正草案では緊急事態下の協力義務が国民に課せられてしまうことを、問題にしなければなりません。防衛省が有事の際に民間船を借りあげる場合に船員を予備自衛官として活動させる計画が進められていると報道されています。現行法のもとでも実質的には強制に近い運用になるのでは、という危惧が出されていますが、改正草案では義務化されるのです。

小林　この章の冒頭で樋口先生がおっしゃった問題の核心部分です。緊急事態の宣言が発せられた場合には、国民は、「国その他公の機関の指示に従わなければならない」と改正草案（九十九条三項）にあります。つまり、憲法に、国民の義務が書かれてしまうということです。現行の国民保護法では、国民への要請は協力を求めるという形でしか規定されていない。あえて国民に協力の義務を課していないのです。それにもかかわらず、改正草案の緊急事態条項では、「従わなければならない」としている。

しかも、憲法尊重義務が国民に課せられてしまうのは、緊急事態条項についてだけでなく、憲法全体についてです。憲法全体の尊重擁護義務についての改正草案一〇二条でも、「全て国民は、この憲法を尊重しなければならない」と書かれている。

日本国憲法では九十九条が、改正草案一〇二条に対応しています。並べて見てみましょう。改正草案では、国民の憲法尊重義務を新設し、天皇の憲法尊重擁護義務を削除している。それにあわせて、順序も見てください。権力の側に「憲法を守れ」と言うより先に、国民に「憲法に従え」と言っている。

〈日本国憲法〉

第九十九条　天皇又は摂政及び国務大臣、国会議員、裁判官その他の公務員は、この憲法を尊重し擁護する義務を負ふ。

〈自民党「日本国憲法改正草案」〉

（憲法尊重擁護義務）

第百二条　**全て国民は、この憲法を尊重しなければならない。**

2　国会議員、国務大臣、裁判官その他の公務員は、この憲法を擁護する義務を負う。

樋口　何度でも繰り返しますが、国民が国家に注文をつけるものが憲法です。とすると、国民に向かって「憲法に従え」と言うこの草案は、もはや近代憲法ではないのですね。緊急事態条項とその直後に設けられたこの条文を読めば、改正草案がなにをねらっているのか、その基本姿勢がはっきり浮かびあがってくる。

小林　しかも、この緊急事態条項について、野党と国民の理解の得られやすい「お試し改憲」だと世間は思っているでしょう。しかし、それはちょっと違う。これこそが、「本丸」なのではないでしょうか。先ほど説明したとおり「永遠の緊急事態」を演出し、憲法を停止状態にすることができる。

しかも、日本国憲法の第九十九条を改正して「国民の憲法尊重義務」をつくります、などと正面切って提案するより支持が得られやすそうでしょう。そのうえ、破壊力はそれ以上にありますから。

樋口　「憲法改正」のこの真実を、そしてこの事の重大さを国民は知らなくてはいけないし、私たち憲法学者はもっと知らせなくてはいけない。一番大きな問題は、そもそも国家緊急権という考え方が、立憲主義との非常に厳しい緊張関係にあるということです。へたをすれば、この条項はナチスを台頭させたワイマール憲法の二の舞を引き起こします。

▼ワイマール憲法の負の歴史と厳格に管理された防衛出動条項

小林　これだけのことを言っても、よその国では緊急事態条項をもつ憲法があるぞ、と改憲マニアたちは反論します。

樋口　国家緊急権が、いわゆる第三世界の国々でいかに乱暴に使われているかというのは、今さら例に出すまでもないでしょう。

そして、やはり歴史上一番の教訓は、ワイマール憲法四十八条の大統領緊急令でしょう。世界恐慌などの危機に際して、大統領が緊急令を乱発し、議会の軽視が常態化した。議会など意味がない、という雰囲気のなかで内閣を立法者とする全権委任法に行き着いてしまった。議会が軽視されること、行政が立法権をもつことを軽く見てはいけないのです。

なによりも国民が自分たち自身の判断の積み重ねで政治をつくっていくという主権者意

識を衰弱させていった。ナチスが一挙に第二党になった一九三〇年選挙から一九三三年三月選挙までの三年足らずのあいだに四回も繰り返された選挙の機会に、破局に向かう方向を押し戻す力を有権者が失ってしまったのです。

小林　麻生太郎財務相の「ナチスの手口」発言を今一度、思い出しましょう。そして我々も、この先一つひとつの選挙を大切に闘っていかねばならない。

しかし、この過去の負の遺産を逆手にとって「全権委任法の歴史のあるドイツの憲法ですら、緊急事態条項があるではないか」という反論もある。

樋口　旧西ドイツは、ワイマール憲法時代の悲劇的な経験から、戦後の憲法――「基本法」という名前の憲法――には緊急事態についての規定は一切なく、一九六八年になって外国からの攻撃に対する防衛出動事態についての規定を導入したのですが、その歴史があるだけに手続き的に非常に用心深い制度上の段取りを憲法の条文のなかに書きこんでいます。

特徴的なのは、どんな場合でも立法府の関与を確保しようという姿勢です。連邦議会の集会に克服しがたい障害があるときは、連邦議会議員と連邦参議院議員によって組織される合同委員会が、連邦議会と連邦参議院の地位にとって代わるのです。詳細は省きますが、きわめて厳格です。

それと同時に、ドイツと比較する場合には、あの国家は連邦制だということを知っておかなくてはならない。一九世紀後半のドイツ帝国の統一まで、それぞれ独立国家だったという背景をもつラント（州）が、個々に独自の法制度をもっている。そういう法的な風土のなかで、緊急事態にどう対処するかとなると、州議会の立法権を連邦議会に吸いあげる必要がある。

小林　日本ではその必要はないですね。

樋口　それから裁判所によるコントロールへの顧慮がきちんとできている。外国からの武力攻撃に対して緊急事態が宣言されているあいだは連邦憲法裁判所と裁判官の憲法上の地位を動かしてはならない、その任務遂行を侵してはならないという条文もあります。

長谷部恭男さんがこんなふうに書いています。「現代のまっとうな立憲主義国家では、緊急事態に対応する法制を実際に運用しようとするときには、裁判所による監視と抑制の仕組みが必ず採り入れられている」「国民の権利への特別の制約が必要にして最小限度のものにとどまっているか否かを判定するためには、そもそも緊急事態が発生したのか、それにどの程度の緊急性があるのかについても、裁判所が独自に認定し判断する権限がなければならない」（『日本国憲法に緊急事態条項は不要である』「世界」二〇一六年一月号）。

フランス憲法十六条も憲法院（憲法裁判所の日本語訳）の関与を予定していますし、ヨーロッパの場合は、国内裁判所だけでなくヨーロッパ人権裁判所によるコントロールが問題となりえます。

同様なことが日本で期待できるかと言うと、残念ながらそれは難しい。小林先生の専門の統治行為論の領域の話にもなりますが。

小林　統治の根本に触れる、あるいはきわめて政治性の高い行為については司法は判断しないということが、日本の判例になっています。統治行為の判例をひっくり返すというのは、これはこれで難儀なことですよ。

樋口　もし司法が力をもたない状態のまま、緊急事態条項を導入するとしたら、恐ろしいことに誰も肥大化した行政をチェックできない。

小林　アメリカにも国家緊急権はありますが、やはり司法が強いんですよね。連邦最高裁判所の判事に選んでくれた恩義のある政党に対してだって、遠慮なく違憲判決を出せる風土です。自立した人々が、権力分立を機能させるアメリカと、日本は全然違うんですよね。日本というのは、流れに乗ってひとつにかたまってしまう悪い癖がある。

樋口「任命権者への忘恩」という言い回しが、あるべき司法のモラルを象徴しています。

▼本当の意味での「備えあれば憂いなし」

小林　しかし、これだけ緻密に反論しても、最後のところは、「北朝鮮が怖いし、中国も怖い。もっと怖いのが中東からやってくるかもしれない」という不安に、安倍政権はつけこんでくるでしょう。そういうメッセージを受けとる国民のほうは、もちろん自分たちの安全というのが一番ですから、「備えあれば憂いなし」なのかな、と緊急事態条項の導入に賛同してしまうかもしれない。
だから、緊張を煽っているのは政権ですよ、という話を繰り返し伝えて、恐怖の感情の解毒もしなくちゃならない。

樋口　もともと人間にとって一番大事なのは自分自身の安全です。人に殺されない、財産を取られないという安全を求めるのが人間です。
そこで出てくるのが、かのホッブズが『リヴァイアサン』で言った「人は人にとって狼」の状態をどうするのかという問題でした。ほっといたら食い殺されてしまうから、それぞれ約束をとり結んで国家をつくり、強い力をそれに与えて、安全を保障させる。

小林　それが『リヴァイアサン』の論理ですよね。

樋口　ホッブズの生きた時代は宗教の対立が続く恐怖の時代でした。彼の母親は、スペイン無敵艦隊（カトリック）がイギリス（プロテスタント）を襲うという知らせに恐怖のあまり産気づいてホッブズを産んだという伝説がありますが、それが象徴するようにホッブズは恐怖からの自由、つまり安全を強調する。だからといって、安全を託するための『リヴァイアサン』という怪獣の名前で呼ばれる国家が自由を抑圧するのはいけないというのが、ロックの自由主義。その自由だって、権力任せの自由ではだめで、やっぱり国民自身が権力をつくろうとしなくてはならないというのがルソー。

極力短くまとめましたが、無数の悲劇を経ながら、『リヴァイアサン』が刊行されて三六〇年あまり。人類社会は間違いを繰り返しながらも、苦心惨たんして、国民の自己決定と個人の自由との均衡をどうやってとるのかということを、高い授業料を払いながら学んできているのです。

だから、そう簡単にホッブズ以前の時代に戻るわけにはいかない。少なくとも安全をひたすら第一義に置くというのは、退行のはじまりです。

小林　ここまで、何回も話題にしてきた「前近代に戻っていく流れ」がここでも見て取れてしまう。ここでも「前近代に戻っていいのか」という問いを国民に投げかけなくてはならないわけですね。だって、国民の自由を抑圧する「リヴァイアサン」も、怖いですよ、とね。

樋口 そうです。ホッブズが生まれたのは、一五八八年。あの時代のヨーロッパは、典型的な宗教戦争の続く、さんざんな危機の時代を経験していました。二一世紀に再び危機の時代が来たとすれば、そのあいだに人類が歩んできた軌跡から何をどう学びとったらいいのか。それを真剣に考えるのが本当の意味での「備えあれば憂いなし」ということでしょう。

第六章　キメラのような自民党草案前文

——復古主義と新自由主義の奇妙な同居

▼前文に潜む日本人の大問題

樋口　第四章では、近代の先を行くというポスト近代を偽装して、上からの支配を押しつける前近代的な憲法には注意が必要だという話をしました。

さて、そういった上からの支配も問題なのですが、さらに大きな問題がこの前文には潜んでいます。

小林　なんでしょう、その大問題とは。気になりますねえ。

樋口　まず、ここでとくに話題にしたいのは、太い文字の部分です。

〈自民党「日本国憲法改正草案」前文〉

日本国は、**長い歴史と固有の文化**を持ち、国民統合の象徴である**天皇を戴《いただ》く国家**であって、国民主権の下、立法、行政及び司法の三権分立に基づいて統治される。

我が国は、先の大戦による荒廃や幾多の大災害を乗り越えて発展し、今や国際社会において重要な地位を占めており、平和主義の下、諸外国との友好関係を増進し、世界の平和と繁栄に貢献する。

日本国民は、**国と郷土を誇りと気概**を持って自ら守り、基本的人権を尊重するとともに、**和を尊び**、家族や社会全体が互いに助け合って国家を形成する。
我々は、自由と規律を重んじ、美しい国土と自然環境を守りつつ、教育や科学技術を振興し、**活力ある経済活動を通じて国を成長させる**。
日本国民は、**良き伝統**と我々の国家を末永く**子孫に継承する**ため、ここに、この憲法を制定する。

一見なんの問題もなさそうな言葉が並んでいますね。長い歴史と固有の文化、国と郷土、誇りと気概、和を尊ぶ、家族、美しい国土、そういう良き伝統を、末永く継承させる……。

小林　どれも素晴らしいものです。私も大切にしたい。ただし、これらの言葉が憲法に入ってくるのは大問題です。

▼国民を束ね、絡めとるための言葉

樋口　自民党のこの草案が出た後に、フランスのある論壇誌からインタビューを受けたときの話をさせてください。この前文の日本の「伝統」的な美点なるものが盛りこまれている箇所を、私はフランス語で説明しました。「国と郷土」「家族」といった言葉が、憲法というテキストのなかに並んでいると知って、その女性記者は、非常に鋭い反応をしました。ヴィシー政権を連想すると言うのです。

フランスでは、第二次世界大戦の初期にいち早くヒトラーに屈服してナチスに従属したヴィシー政権というものがありました。そのナチス従属政権は、それまでの憲法に代わる、「憲法的法律」をつくり、議会は実権を失い、すべての権力は、政権を率いたペタン元帥という個人が握った。そして、「自由、平等、博愛（ないし友愛）」というフランス革命以来の三つのスローガンは、「祖国、家族、労働」に置き換えられたのです。

小林　なるほど、言われてみれば、言葉の並びは改正草案とほとんど同じですね。

樋口　非常に示唆に富んだ指摘でしょう？　ヴィシー政権の時期にフランスで唱えられた思想はどのようなものだったか考えてみると、これはフランス革命以前の社会への郷愁なのですね。フランスがドイツに敗北したのは、カトリック的な道徳心が薄れて、退廃的になったからである、だから、カトリック的価値観に回帰せよ、という運動が起きました。同時に、哲学的な用語ですが、反主知主義が盛んになった。

小林　今の日本では、反知性主義がはびこっていると言われますね。政治家の「難しいことを言う学者は嫌い」という幼稚な心理から、「知的文化人は反権力の思想にかぶれていて信用できない」というネット右翼的猜疑心《さいぎしん》まで、いろいろな意味で使われるようです。

樋口　ヴィシー政権時代の反主知主義というのも、当時の知的階層の否定というニュアンスはあったでしょう。そもそも、主知主義というのは、「我思う、ゆえに我あり」と言ったデカルトのように、合理性や論理性こそが人間的存在の最大の支えだとする考え方です。反主知主義は、その逆ですから、合理的なものより「精神的」なものに回帰せよ、という主張ですね。古き良きフランスの精神性を取り戻せば、小難しいことを言わなくても、国は再びかつての強さを取り戻す、という考え方だと言ってもいい。

小林　「伝統的なモラルに回帰せよ」ですか。いやはや、まさに歴史は繰り返す、ですね。

樋口　鏡を見るようでしょう？　そういう運動が起きるなかで、ヴィシー政権下で行われたことは、ユダヤ人迫害法を制定したり、ドイツの占領軍に費用を出したり、同胞のレジスタンス運動を潰す秘密警察のような民兵組織をつくったりと、ナチスへの協力体制――コラボラシオンと言いますが、そのようなことが行われていったのです。

小林　言葉のうえでは、祖国も家族も労働も、悪いことではない。しかし、「祖国や家族の判断は個人の意思よりも重要だ、黙って労働して奉仕しろ」という文脈で、全体主義で国民を束ねて、絡めとっていく動員のために使われたわけですね。

樋口　美しく麗しい言葉であっても、法の歴史的文脈のなかに置くと、違った結果が見えてくる。こうした言葉は、それぞれ、ある時代、ある時期に、何かを排除し、何かを押しつけるために使われてきた経緯のある言葉だった歴史があるのです。祖国愛や民族主義を煽《あお》る言葉は、偏狭なファシズムを支える道具になってきた。憲法を書き換えるのならば、そういう言葉の重みに対する認識とバランス感覚が必要なのです。

小林　こういう言葉を憲法に書きこむことが、世界中の、多少でも歴史を知っている人たちに、どういう波紋を広げ、ショックを与えるか。そういうことが、まったく考えられていない草案だということは、確かでしょうね。

樋口　しかも、日本自身がかつて偏狭なナショナリズムの熱にうかされて、他国の人々にも大変つらい思いをさせた負の歴史があるわけですから。

小林　いや、先生。彼らはまさに、そのファシズムの熱に日本がうかされていた時期を郷愁している。

樋口　本当に頭が痛いですね。

▼「愛国」の代わりに強調される「家族」

小林　この自民党憲法改正草案で突然、強調されることになった「家族」ですが、これはなぜ出てきたのか。この経緯もなかなか危うい部分があるのです。

実は、自民党の第一次草案では、前文に「愛国の責務」というのがありました。

〈自民党「新憲法草案」前文より抜粋〉（二〇〇五年一〇月二八日公表）

日本国民は、**帰属する国や社会を愛情と責任感と気概をもって自ら支え守る責務**を共有し、自由かつ公正で活力ある社会の発展と国民福祉の充実を図り、教育の振興と文化の創造及び地方自治の発展を重視する。

私はこの第一次草案が出された当時、公開シンポジウムで「責務ってなんだ、義務なのか」と自民党の法務族である船田元《はじめ》議員に訊《き》いたのです。そうしたら、「これは、義務ではないのです」と彼は言ったんですよ。「国を愛する義務がある、なんてきついことは言っていません、ただの責務ですから」と言う。じゃあ、責務ってなんだよと重ねて尋ねたら、彼は素直な人柄なので、てらいもなく「責任と義務です」と。責任と義務を上下一文字ずつ取ると責務になるんだということでしょうね。

樋口　すると、この「責務」は、義務ですね（苦笑）……。

小林　そのとき、船田議員に対して、私と弁護士の伊藤真がガンガン質問をぶつけていたら、その場にいた、自民党の法務族の保岡興治《やすおかおきはる》議員がなんと突然、「分かりました」と言ったんです。「『愛国の責務』なんて憲法に入れるべきでないことがよく分かりました」と。そういう事件があったりして、「愛国の責務」は消えたのです。

樋口　そうでしたか。

小林　その代わりに出てきたのが、第二次草案の「和を尊び、家族や社会全体が互いに助け合って国家を形成する」という文言なのでしょう。

では愛国の代打として、なぜ家族が登場するか。これについては、右派の論客たちはだいたいこんな説明をしますよね。

「明治の時代は、今のように日本は混沌としていなかった。人間はりりしかった、社会もぴりっとしていた。ところが、戦後、アメリカが押しつけた個人主義憲法の結果、社会の絆《きずな》が壊れて、親殺し、子殺しが起きて、変な事件が多いですね。社会に対する連帯感が失われている。一番大きな社会は国です。だから愛国心は大事ですね。そして、一番小さな社会は、夫婦からはじまります。家庭です。だから、家族を愛することが大事ですね」

家族と国家は、彼らのなかではひと連なりのもので、愛国心がだめならば家族愛だと第二次草案に入れたわけですよ。

今の保守論客たちのほとんどは戦後生まれのはずだけれども見てきたようにおっしゃる、その「ぴりっとした社会」というのが、それほど理想的なものなのか、私にはまったく分かりませんね。いちいち思想を取り締まられたりして、特高警察もいたわけですから。

▼憲法が「家族」というモラルに踏みこんでくる

樋口　この「家族」という言葉は、自民党草案のなかの、個別の条文にも登場しています。それも、ここまでご説明してきた憲法の基本的な役割を逆転させて、明確に「国民を縛る規定」として書きこまれている。

〈自民党「日本国憲法改正草案」〉

（家族、婚姻等に関する基本原則）

第二十四条　家族は、社会の自然かつ基礎的な単位として、尊重される。家族は、互いに助け合わなければならない。
2　婚姻は、両性の合意に基づいて成立し、夫婦が同等の権利を有することを基本として、相互の協力により、維持されなければならない。
3　家族、扶養、後見、婚姻及び離婚、財産権、相続並びに親族に関するその他の事項に関しては、法律は、個人の尊厳と両性の本質的平等に立脚して、制定されなければならない。

小林　「家族は仲良くしなさいね」という文章だと素直に読めば、別に誰からも異論はないだろうと思えるわけですが、これは社会道徳の手引き書の原稿案ではなくて、憲法の改正草案ですからね。ここに、道徳観念に触れる規定を盛りこんできたということは、やはり非常にきな臭いものをはらんでいる。

樋口　明治憲法ができるのに先立って、憲法と民法両方の書物（『国憲汎論』一八八三―一八八五、『民法之骨』一八八四）を相前後して公にした法学者がいます。法制官僚として活動したのち下野し、憲法発布を待たず早世した小野梓《あずさ》です。

彼が「民法こそ法制の第一基礎」とするのは、近代国家は「独立自治の良民を以て組織するの社会」、それも「一団の家族を以て其基礎となす社会」ではなく、「衆一箇人を以て基礎となす社会」を構想したからでした。

戦後ようやく憲法化されたその構想を正反対方向に逆転しようとするのが改正草案です。

小林　ええ。ですからもう、「愛国」の代わりに、国民を全体主義に絡めとる方法を必死につけくわえたことは、見え見えなんですよね。

▼憲法にもちこまれた道徳は日常も縛る

樋口　「家族を尊重せよ」というのは道徳でしょう? 憲法に道徳をもちこむことの危険性は、いろいろな角度で指摘できると思います。一種の思想統制の根拠となっていく可能性もある。

小林　そのとおり。法と道徳を混同するな、というのは近代法の大原則ですよ。

それも踏まえたうえで、現実に国民の生活に直結する大混乱を招くということを力をこめて指摘しておきたいんです。

現状、日本国憲法というのは、自民党がなんと言おうと、常識として国民の側が権力を監視する規定ですから、国民の側がある日、突然「おいこら、お前は憲法違反をしとるな」と言われることはまず、ないわけです。ところが、実は私企業が「お前のやっていることは憲法違反だ」と言われた例は、いくつかある。

樋口　たとえば男女別に定年の年齢が違うことが、法のもとの平等と公序良俗に反するとして争われた、早い時期で言えば日産自動車事件であるとか、そういうものですね。

小林　ええ。民法九十条には、「公序良俗」に反する契約は無効だという規定がありますが、この公序良俗というものには、憲法の規定が含まれるんですね。これについての解釈の仕方はいろいろあるのですが、たとえば、企業と個人のあいだや、私人間で交わされた契約について、裁判所で争いになったとする。その契約が憲法に違反しているにもかかわらず、司法が契約を有効と判断すれば、結果的に国家権力が憲法違反を是認することになる。これは権力を縛る憲法に明確に違反する行為だから、許されない。だから、さかのぼって、私人間の問題でも憲法の規定が適用されることがある。

樋口　法学の授業のようになってきましたね。

小林　ええ（笑）。細かいことはさておき、民法九十条の公序良俗違反を経由して、憲法は国民同士の問題に関してても影響を及ぼしてくる構造になっているんですね。

その憲法に道徳的な規定を盛りこんだら、どうなるか。たとえば放蕩《ほうとう》息子が馬鹿な借金をつくったとき、親がそんなことは知らんと、現在なら言えます。連帯保証人になっていなければ。しかし、「家族なのに親が息子を助けないとは、公序良俗に反する。憲法違反だ」とやられたら、どうします。家族尊重の義務が憲法に入るとはそういうことです。

樋口　「子供が熱を出したとき、すぐに母親を帰さなかった企業は憲法違反だ」という判決も出るかもしれませんよ。これには賛成意見が多いかな（笑）。

小林　しかし、離婚協議中に相手の悪いところをあげつらったら、「家族のくせに協力しないとは、憲法違反だ」と反論されるかもしれない。

離婚の自由すらなくなるかもしれません。結婚という人生のなかの大きな決断が失敗だと分かったときに、離婚して新しい人生を再開させる。そんな当たり前の自由が、この草案では否定される可能性があるのです。

家族の尊重だけをとっても、こんな具合です。不用意に、道徳的なものをあれもこれも、憲法に盛りこんだら、もうなにがなにやら、日常生活のレベルでも混乱が広がることは必至です。

樋口　改正草案の書き手もなんとなく自分たちでも「まずいかな」と思っているらしくて、「Q&A」でわざわざ「国家が家族に介入していいんですか」という問いを立てている。

彼らのなかには分かってやっている人もいるのですね。

小林　道徳に反したという屁理屈で、もっと大きな国民の権利を国家が侵害することだってあるでしょう。むしろそっちがねらいかもしれません。法と道徳を峻別《しゅんべつ》するのが、やはり近代法の原則なのです。

▼明治人は教育勅語を法とは見なかった

樋口　ところで、戦前郷愁派によって、国家による国民の道徳への介入が進められようとしている、と言うと、端的に教育勅語の存在を思い出される方が多いのではないかと思います。ここで教育勅語についても触れておきましょう。

小林　自民党の改正草案に近いことが、教育勅語には出てきますね。父母に孝行せよ、兄弟、友、夫婦相和し、朋友を互いに信じなさい、としている。

樋口　そうですね。これが学校教育を通じて、全国の子供たちに影響を与えた。戦時中の若者たちは、お国のために尽くして、天皇陛下の御為《おため》に死ぬのが当然だと習ったわけですが、そのテキストとされたのが教育勅語だったわけです。

ただ、私は最近、こと憲法をめぐる議論については、今日的な目線から見ても、戦前の社会にも見るべきところはあったと思っている。とくに、明治期に近代法を設計した人々が、いかに真剣に日本の将来像を考え、議論していたか。それは、教育勅語と憲法の関係をめぐる議論にも当てはまることなのです。

明治憲法が発布されたのは一八八九年二月で、教育勅語が出されたのは翌年の一〇月です。およそ一年半後に出されている。近代国家を建設する支柱として憲法を定めたわけですが、それとは別に、この勅語を出した。あえて分けた、と考えていいでしょうね。

勅語というのは、通常、天皇が口頭で述べるもので、書面で配られるものではありません。今でいう「おことば」です。それが教育勅語は、書面化されました。そして、注目したいのは「御名御璽《ぎょめいぎょじ》」の後に国務大臣の署名である「副署」がない、という点です。

小林　明治憲法下では、法令というものには、まず御名御璽、つまり天皇の署名があって、次に国務大臣の署名である「副署」が来ます。つまり、輔弼《ほひつ》する国務大臣が、自分が責任をもつ国政事項に関しては、副署をする。それがないということは？

樋口　明治憲法なら、閣僚全員の署名がありますね。立憲政治としては当然です。ところが、ここには副署がない。

つまり、教育勅語は道徳規範であって、国政事項ではないという判断が働いていたということです。国務大臣の輔弼事項ではない、と。

小林　なるほど、それは筋が通っているな。つまり、教育勅語というような道徳を法としては認めていないということですね。

樋口　明治憲法の実際上のプランナーを務めた法制局長官・井上毅の有名な言葉があります。「およそ立憲の政において君主は臣民の良心に干渉せず」。

一九世紀後半の欧米の近代国家の通念を明治時代の人はちゃんと学習していたんです。

▼天皇の直声となった教育勅語

小林　しかし現実には、教育勅語というのは、軍国日本の少年少女を洗脳する手段として使われた歴史があるわけですね。樋口先生も、学校で叩きこまれた世代でしょう。

樋口　ええ。一九三五年の天皇機関説事件での暗転が象徴するように、その後の日本の法秩序はゆがめられてしまったわけですが、教育勅語について言えば、「国務大臣の副署がない」ことを傍証として、「教育勅語こそは、明治天皇の御みずからの直声である」と神格化されていってしまった。

美濃部達吉も言っていることなのですが、当時の法学論壇では、国務大臣が副署していれば、それについて議論をするのは、国務大臣を相手に批判するわけだから構わない、とされていた。法令一般について、その法のあり方を批判しても、毫《ごう》も不敬のことではない。それは、副署している国務大臣の国政運営に対する批判であるからと、まさに立憲政治の当たり前のことを言った。ところが、教育勅語については、その逆をやられてしまった。

小林　教育勅語こそは神聖なもので、これを疑問視するのはけしからん、非国民だとなっていくわけですね。そういう批判を許さない、ファシズム的な絶対的権力をもつ存在に、自民党の明治憲法郷愁派は憧《あこが》れるんだろうな。

樋口　ですから、幕末・明治・大正と、日本が近代国家への脱皮を目指した時期の論争というのは、今日的な意味でも非常に見るべきところが多いんですね。

▼道徳偏重主義の背後に見える宗教勢力

樋口　小林先生は、自民党と長くつき合って、教育勅語のような道徳重視が、どこから来るものだとご覧になりますか。

小林　二〇一三年六月の参議院の憲法審査会で山谷えり子議員に、こう言われたのを覚えています。「小林先生、日本人は道を求めて生きておりましたけど、どうお考えですか」。

私が、「いや、道って、それは法の外の世界で、道徳教育で大いにおやりください。だから、法の話題じゃないですよ」と応えたら、相手はのけぞっていました。
　しかし、樋口先生がおっしゃるように、自民党が、明治憲法下の日本がもっとも狂乱していた、まさにあの戦争後半の一〇年間くらいの社会を理想としているのは確かですね。全体主義が支配し、一部のエリート――それは、今の三世議員、四世議員の祖父たちでもあるでしょうが、彼らが国民を支配していた。その時代を指して、自民党は「昔は良かった」と繰り返している。

樋口　そうですね。

小林　そこに道徳が絡んでくる理由としては、そうしたノスタルジーだけでなく、彼らが陰に陽に支援を受けている、日本会議の存在もあると思いますよ。山谷えり子議員も、もちろん安倍首相とそのお友達、衛藤《えとう》晟一《せいいち》議員や亡き盟友、故・中川昭一議員もみんなそうですが、日本会議の議員連盟「日本会議国会議員談話会」のメンバーですね。故・岡崎久彦元大使も日本会議と親しい関係でした。
　櫻井よしこ氏は、日本会議系「美しい日本の憲法をつくる国民の会」の共同代表です。

樋口　ははあ、そうですか。

小林　日本会議というのは、第一次安倍政権が大はしゃぎでやった教育基本法の改革などを支援してきた。山谷議員のジェンダーフリー反対論とか、有村治子前女性活躍担当大臣の閣僚靖国参拝支持論など保守強硬路線の人々が、みんなそこでつながっているという団体です。その前身のひとつに「日本を守る会」というのがあって、これは生長の家などの宗教団体の連合会だった。靖国神社や国柱会も入っていますよ。神社本庁、後は石原慎太郎の支持団体だった霊友会とかね。

樋口　戦前の道徳への回帰を目指すというのも、日本会議のテーゼですか。

小林　ええ、そうでしょうね。「かつての崇高な倫理感」を取り戻すと言っています。

▼復古主義と新自由主義の奇妙な同居

樋口　ここまで、倫理や道徳といったものを憲法に書きこみたいほど自民党が重視しているという話をしてきましたね。

小林　法と道徳は峻別せよ、と何度言っても、彼らは聞く耳をもたないんですよね。

樋口　そして、改正草案の前文には「国と郷土」「和」「家族」「美しい国土と自然環境」「良き伝統」という言葉を日本らしさの強調として並べ立てた。

小林　復古主義、伝統主義、新保守主義。これをどう呼ぶかはさておき、そういった傾向をもつ人々が愛する言葉ですね。いや、普通の人でも「家族」も「美しい国土」も大切に思っていますね。それを憲法に書きこむことは、さっきから言っているようにだめですけれども。

樋口「国と郷土」「家族」などを、大切にしたいと素直に思う人が多いでしょうね。ところが、です。現実の自民党がやっている政策は、日本のそうした社会基盤をゆるがすものではありませんか。

安倍政権はかねてから「世界でもっとも企業が活動しやすい国」を目標に掲げてきました。競争と効率を抑制するようなものを「岩盤」と呼び、それを解体する「ドリル」になると言っている。社会の安定性を支えてきたものを壊そうという宣言をこれまた外国のお金持ちばかりの集まる会議でした。

小林　スイスのダボス会議ですね。

樋口　そう、あの会議が今ほど有名になっていなかったころ、肝煎《きもい》り役の人が日本に来たとき、ドイツ銀行の幹部でカナダ出身の友人に紹介され、行かないかと誘われたことを思い出しますが、今や新自由主義者たちの寄り合いと言ってよい会合に、一国の首相が出かけて、「ドリル」になると宣言してきた。

最近で言えば、農協改革、大学改革、そしてTPP（環太平洋経済連携協定）です。改正草案前文に書きこまれた、日本の美しい社会基盤を壊す政策ばかりです。

小林　復古主義と新自由主義が同居していて、つじつまがまったく合っていない。

▼新自由主義が国是になる！

樋口　しかも、です。「美しい国土」などについて謳う前文をもう一度、見てください。同じ前文のなかに、異様な規定があるでしょう。「活力ある経済活動を通じて国を成長させる」。

小林　そうか、経済成長が我が国の国是になるんだ！

要するに、美しい日本の社会基盤を称《たた》えながら、その社会基盤を壊さないとできない経済成長を国家の最大目標に置いている。

樋口　つまり、自民党改正草案が憲法になると、いわゆる新自由主義が国是になってしまうのです。

小林　これは衝撃です。

樋口　世界の大きな流れは確かにそういう新自由主義なるもののほうに向かっています。戦後、個人の自由と社会的公正の両立が西側の先進国では模索されてきましたが、一九八〇年代以降のグローバル化の進行に伴って、逆転現象が起きています。社会の統合よりは競争、公正よりは効率、といった具合にです。それに拍車をかけてきたのが、サッチャー政権、レーガン政権を端緒にした新自由主義的政策でした。

けれども、アメリカのウォール街占拠の抗議活動の市民運動からイギリス労働党の新党首のような政治家まで、さらにはアメリカの大統領選の民主党予備選挙で民主的社会主義をあえて掲げる候補が注目を引くなど、それぞれの国に抵抗する勢力が出てきて政治的にも軋《きし》みを生んでいるわけじゃないですか。みんながみんな、おとなしく新自由主義の論理に従って、はいはいと言っているわけじゃない。

そういうなかで日本だけはその野放図な新自由主義と経済成長原理主義をなんと憲法規範にしてしまおうというわけです。世界に先んじた新自由主義のトップランナーになろうとしているのです。

小林　世界最大の資本主義の擁護者、アメリカの合衆国憲法ですら、資本主義のルールを書いていない。いや、そんなものを書くわけないです。書きませんとも。

樋口　はい。それを日本は……。
小林　国是にしちゃうんだ。
樋口　そう。

▼経済だけは規制しない

樋口　世界に先んじて、新自由主義のトップランナーになろうとねらう自民党は、この前文の「経済活動を通じて国を成長させる」という文言を掲げるだけでなく、新自由主義という国是を、本文にもしっかりと反映させています。
小林　そうです、そうです。二十二条と二十九条がなんだかおかしいと思っていたんですよ。
　どうおかしいのか。ゆっくり、読者に向けて説明しますね。この改正草案はさまざまな条文で、国民の権利や自由を掲げつつ、注意深く、それを制限する条項をセットにしてくっつけています。たとえば、こんな調子です。

〈自民党「日本国憲法改正草案」〉

（表現の自由）
第二十一条　集会、結社及び言論、出版その他一切の表現の自由は、保障する。
2　前項の規定にかかわらず、**公益及び公の秩序を害することを目的とした活動を行い、並びにそれを目的として結社をすることは、認められない。**

この例で言うと、第二項の制限の部分は、現行憲法にはないものです。「公益及び公の秩序」を害しない範囲で、という制限がくわえられています。このこと自体も大問題なわけですが、先に進みます。本題に戻して言いますと、日本国憲法にくらべて、唯一、制限が緩められている条文があります。第二十二条一項です。

樋口　憲法学者が経済的領域における基本権と呼んできた条項です。

小林　現行憲法と草案を並べてみましょう。

〈日本国憲法〉
第二十二条　何人も、**公共の福祉に反しない限り**、居住、移転及び職業選択の自由を有する。

〈自民党「日本国憲法改正草案」〉

（居住、移転及び職業選択等の自由等）

第二十二条　何人も、居住、移転及び職業選択の自由を有する。

違いが分かりますよね。「公共の福祉に反しない限り」という制限が、草案では外されているのです。先ほど述べたように、草案全般では、権利を保障しながら制限をつける方向で書かれている。

樋口　そうなのです。他の条文では、これでもか、これでもかというふうに権利の制約について書いてある草案のなかで、二十二条だけは、「自由を有する」と言い切りになっている。「公共の福祉に反しない限り」とか「公益及び公の秩序」を害しない限り、という条件が消えているのです。

小林　なににも邪魔されることなく、好きなところに住み、好きな経済活動ができる。職業選択の自由は、営業の自由でもありますからね。

これは日本国憲法とくらべると逆転ですね。経済的領域における基本的人権の二十二条と財産権の二十九条には今まで「公共の福祉に反しない限り」という制限がついていて、他の権利にくらべれば狭かった。今回は他の権利の制限条件が強化され、二十二条はフリーハンドです。

樋口　うっかり制限をつけ忘れたわけではないのでしょう。用意周到に、前文で新自由主義を国是とする宣言を行い、経済的領域における基本権だけ自由を拡大しているのです。

小林　独占禁止法など、競争よりも公正性を重視する法律が悪影響を受けそうですね。

樋口　公正や安定や安全などのために設けられてきたいろいろな規制をますます取り外していこう、ということでしょう。

▼復古主義の美辞麗句は偽装の癒し

小林　ともかく、これは経済活動の自由を拡大する大きな変更です。まさに財界向けの草案です。

樋口　競争至上主義を徹底して、世界で一番、企業が活動しやすい国にするという、安倍政権の目標と似通ったものが、前文にも、二十二条の変更にも、ストレートに反映しているのです。このことの重要さをいち早く内田樹《たつる》さんが読みとっていて、その眼の慥《たし》かさに私も感服したのです。

小林　改正草案の発表は第二次安倍政権のはじまる前ですが、偶然なのか、とても安倍政権がそもそも抱える矛盾に近いですねえ。

なにしろ前文が象徴するように、復古主義的な路線と新自由主義的な路線とが同居しているというところが不気味です。

だって、前文にある「活力ある経済活動」とは、要するに我が国は、金儲《もう》けを国是としますよ、ということです。こんなものが「和」とか「家庭」とかと、どういうふうにつじつまが合うのか。

樋口　効率重視、競争の拡大を進めて、無限の経済成長を目標に置けば、「国と郷土」「和」「家族」「美しい国土と自然環境」「良き伝統」、この全部は壊れてしまいます。片方で日本独特の価値を追求しつつ、他方国境の垣根を取り払い、ヒト・モノ・カネの自由自在な流通を図るグローバル化を推進するというのは、矛盾というほかありません。

小林　この矛盾をどう考えましょう。

樋口　論理的にはひどく矛盾していますよね。けれども、実はこの二つは表裏一体なのかもしれません。

つまり、「美しい国土」など復古調の美辞麗句は、競争によって破綻《はたん》していく日本社会への癒しとして必要とされた、偽装の「復古」なのではないかと思うのです。

小林　新自由主義によって人々が分断され、安定した社会基盤が壊されていくなかで、スローガンとしては愛国だの、家族だの、美しい国土だのを謳いあげて、社会の綻《ほころ》びを隠そうということですね。

樋口　そうです。だから、癒しと言っても、表面だけにつける薬です。こんなやり方で新自由主義を国是に掲げ、表面だけの癒しに終始したら、病状はますます悪化するだろうということですね。私はそういうふうに読み取りました。

小林「日本は素晴らしい」「日本を取り戻す」という癒しのスローガンの気持ち悪さにも、みんな気づいてきましたよね。だって、TPPでアメリカに日本を売り渡すのですから。

新自由主義なんていうものは、本当にごく一部の人たちだけが儲かるシステムです。たとえば労働市場を自由に、ということで派遣業が儲かれば、あの竹中平蔵氏が会長を務めるパソナなどの利益があがるだけです。労働者にはなんの得もない。

新自由主義のような馬鹿げた方針を憲法の前文に書き、復古的な美辞麗句でごまかしていたら、この国は滅びますよ。

▼おかしくなった人間観が前文に反映している

樋口　これだけ問題だらけの改正草案がなぜまかり通るのか。それが何に起因するのかということなんですけれども、私はとくにここ一年ぐらい、現在の政権中枢ないし周辺にいる人たちの、人間性そのものが問われている気がします。まず、日本の戦後史のとらえ方のおかしさ、それから、そもそも戦前そのものを知らない。

小林　知性がありませんから。

樋口　私はもっと穏やかに指摘したいと思いますけれども（笑）。さらに彼らを特徴づけるのは、自分たちが歴史や文化を知らないだけではなくて、人文社会の大きな流れそのものに対してあまりにも傲慢《ごうまん》な見方をもっていますね。

文部科学省が、というより政治が、人文系の学科はそんなに要らないから、再構成を考えろと、直接的には国立大学に対してですが通達を出しました。役に立たない分野をスクラップしろと。

小林　ええ。それに我々が反論すると、お前らは自分の食い扶持がなくなるから文句を垂れるんだろうと言う人もいるわけですが、しかし、客観的な第三者はわざわざ声をあげて反論しませんからね。我々自身が言うしかない。

樋口　そう、どこまで我々の発言が社会的に説得力をもつかは、内容を聞いていただくしかないわけですが、大きく言えば、この人文系不要論は、経済優先主義、役に立たないものは要らない、という話なんですね。「税金を使って役に立たないことをしては納税者に対して申しわけない」という論法です。

他方では、向こう何年のあいだにノーベル賞受賞者三〇人を目標にするというような、きわめて物欲しげな数字があるじゃないですか。ノーベル賞獲得の数値目標を掲げてお金とポストを与えれば達成できるというのは大いなる誤解です。人文社会系を含めた、国民的な層の厚い知の累積というものがあって出てくるという発想はない。

小林　そうですね。

樋口　こういう方向は残念ながら世界的な傾向ではあるようですけれども、それに対して、どの国もそれぞれなりに激しい抵抗がある。たとえば、フランスでは最近、中等教育の改革という名のもとに、中学校の外国語の選択科目からギリシャ語、ラテン語を外すことができるという方針を打ちだした。しかし、これには根強い抵抗がある。

小林　ギリシャ語、ラテン語は彼らの知の歴史をたどるときの重要なツールですものね。

税金を使っていいから、それを学ぶ機会を守れ、というのは素晴らしい。

樋口　それにくらべると、日本の場合には、無人の野を行くがごとく、「合理主義」なるものが突っ走っている。だから、それはまさに人間のとらえ方自体が非常に危機的状況なのではないでしょうか。

小林　人間って、たくさんの動物のなかで唯一、文化的存在です。たとえば、悩むなんていうことは人間の本質なんですけど、そういうことがなくなると、ほとんど動物と同じですよね。考えるということを放棄したときに、代わりに立ち現れる世界というのは、物欲中心です。

樋口　彼らの草案前文の復古主義的な美辞麗句で、その場しのぎに癒されて満足した気になるというのは、知の荒廃と関連しているように思います。物欲の支配というのは、前文のもうひとつの路線、経済至上主義、新自由主義と関連しています。

▼個のつらさからの逃避を誘う?

小林　この改正草案には問題点が山のようにあるなか、自民党の国家観、社会観が現れているもっとも重要な部分を取りだして、樋口先生とここまで議論してきました。そのなかでも、最大級の問題は、第三章で取りあげたように、自民党の議員たちが平然と「個人」の「個」をばさっと削ったことにあると私たち二人の認識は一致しています。

この「個人」が消された、という問題に、この草案の点検のまとめとして、最後に戻っていきたいのですが、なぜかと言うと、憲法からこの「個人」を消そうという自民党の意識と、今、見てきた無残な前文とが深いところで結びついている気がするからです。

樋口　私もそう思います。おそらくこういうことではないですか。

日本国憲法の要は、おっしゃるように「すべて国民は、個人として尊重される」という十三条の条文です。これは権力が勝手なことをしてはいけないという、中世以来の広い意味での立憲主義が、近代になって凝縮した到達点です。個人が自由に、それぞれの個性を発揮して生きていく。そういう社会の基本構造をつくり支えるのが、憲法のもつべき意味だということですね。

小林　個人がそれぞれ個々の幸福を追求することを権力は妨げてはならない。それが立憲主義です。

ところが、この改正草案では、経済活動の自由を最大限に保障する代わりに、個人の心の自由という非常に大切な領域を、一見、善意に満ちた道徳的なスローガンによって、踏みにじっている。

樋口　しかも、グローバル化を推進し、新自由主義に基づく政策を続けるうちに、個人が個人として生きていくことがとてもつらい社会をつくってしまったことを反省せずに、それを憲法前文で国是にしようとしている。

競争の末に勝ち組に振り落とされた弱い者も幸福追求ができるよう、社会権というものを深める方向でこれまで考えてはきたけれど、新自由主義的な憲法観が全面化されれば、崩れてしまう。そんな状況下では、個人は個人であることのつらさや寂しさに耐えられない。そこで起こるのは、集団の温かみに救いを求めるということですね。

小林　でも、もともと自生的にあった集団や社会的基盤は、新自由主義によってすでに壊されている。だから、さっき言った復古主義の偽の癒しの言葉、「美しい国土」「家族」といったスローガンが、人々の支持を得ていく。そういったものは、すでにおおかた破壊されているからこそ、そうしたスローガンが人の心を打つ。そういう構図です。

新自由主義と復古主義をつなぐものは、個人の自由を否定する権威主義です。この三つが同居する改正草案前文は、キメラのように不気味です。

樋口　ここで、エーリッヒ・フロムの『自由からの逃走』を思い出さねばならないですね。

ナチズムに傾斜していったドイツの人々の心を分析した名著です。近代は個人の自由を生んだけれども、その個の自由に耐えかねて集団のなかに身を投ずる弱さが人間にはあります。そのことを指摘した本です。

その個のつらさに耐えていくにはどうすればよいのか。耐え切れないとしても、偽装のスローガンが描く共同体の幻想に逃げこまずにいるにはどうすればいいのか。

ここが日本の未来の運命を決める要《かなめ》でしょう。

この章の冒頭で提起しておいた「大問題」というのは、そういう意味です。支配者層がこの国をどうしたいのか、ということとともに、私たち市民にその問いがつきつけられている。

小林　その試金石が、自民党の描いた憲法改正草案を日本人が受け入れてしまうかどうかなのですね。

第七章　九条改正議論に欠けているもの

▼護憲・改憲の対立から憲法保守の共闘へ

小林　さて、いよいよこの章では、憲法九条について議論したいと思います。皆さんご存知のように、私は、憲法九条改憲派です。それに対して、樋口先生は、一貫して護憲派です。この点においては、二人は対立しています。

私の九条改憲論については、前提として二点、説明させていただきたいことがあるのですね。まず、第一点めは、すでに樋口先生がおっしゃっていたように、護憲か、改憲かという単純な問いの立て方では議論すべきではないということと関連します。

改正を議論するならば、どんな政治勢力が、どんな必要があって、なにをしたいために、どういう国内的・国際的条件のもとで、どこをどう変えたいのか、それを提示して議論してもらわなければならない。

樋口　それによって賛成も反対も分かれるというのが、まっとうな憲法問題の議論の仕方です。

小林　樋口先生のこの問いに当てはめて言えば、第二次世界大戦開戦前の支配層の孫たちが、中国・韓国との関係を改善する努力を怠りつつ、安全保障の環境が悪化したと主張し、

「米軍の二軍」で構わないから軍隊をもちたいという理由で、憲法九条を書き換えようとしています。それができないから、とうとう違憲の安保法制を通してしまった。

そして、なんと今度は、憲法のほうを安保法制に合わせようとしている。これも主客転倒のとんでもない理屈です。

樋口　しかも自民党の改正草案全体を見渡せば、近代の法秩序を否定し、日ごろから「価値観を共有している」相手だったはずの欧米から見れば、異形としか言いようのない社会を構築しようとしている。

小林　改正草案からうかがえるのは、お隣の金ファミリーが支配する北朝鮮の体制を目指しているかのような姿勢です。

そのような路線で国を運営すれば、日本の国際的信用は低下します。それが日本の安全保障を考えるうえで損失なのは明らかです。たとえば、いまだに日本は国際連合憲章のうえで連合国側の旧敵国扱いですが、戦前と変わらない秩序に日本が戻ろうとしているのが分かれば、他国の警戒心は高まり、いつまでも旧敵国条項の撤廃はできません。

樋口　小林先生は名だたる改憲論者だけれども、この状況下での改憲には反対ですね。

小林　もちろん、今、改憲の議論をはじめることには大反対です。

樋口　ここは大変、重要なところです。九条の改正を望む人も、いやそういう人たちこそ、近代憲法の共有価値を否定する改憲のなかに九条改正が巻きこまれることに反対してほしい。この危機にある今、日本国憲法を保守することに我々は専念し、権力に対しては憲法を遵守させるように働きかけるべきです。

小林　九条をめぐる単純な護憲派・改憲派の対立をやめ、現在のこの段階では、壊された憲法を奪還し、保守するための共闘へと力を注ぎたい。それが、私が第一点めとして申し上げたかったことです。

樋口　まったく同意見です。

▼現行九条の弱点を克服するには

小林　二点めは、今は改正議論をしている場合ではないが、いつか政治家にも市民にもマスメディアにも、きちんとした憲法理解をもってもらったうえで、まっとうな改憲の議論をつくりあげていきたい、ということです。

現行の憲法は素晴らしい。しかしながら、人間という不完全な存在がつくったものですから、間違いもある。たとえば、衆議院の解散。「解散」という単語は憲法のなかに何回も出てきますが、解散を決定する実質的権限がどこにあるか、解散権の所在は明記されていません。

このようなミスが、散見されるのです。それに、憲法制定当時には考えられていなかった、環境権やプライバシーの権利といった新しい権利を書きこむことも提案していきたい。

そして、九条改正といっても、当然ながら、どのような内容をもった九条を目指すかが問題です。私の場合は、現行の九条の精神を、より明確に打ち出したいと思っています。

今の九条の曖昧《あいまい》さが、安倍政権による安保法制可決を許してしまった。この曖昧さが現行九条の弱点でした。だから、今後、そのようなことのない、明確な文言に変えていきたいのです。

樋口　先生が「護憲的改憲派」と呼ばれるゆえんですね。現状の九条の精神を明確化するということで、どのような文言を考えているのですか。

小林　端的に言うと、歴代の内閣法制局の解釈の明文化です。まず、九条の平和主義は維持します。そのうえで、個別的自衛権を保持していることを明記する。

日本国憲法はその前文で、「諸国民の公正と信義に信頼して、われらの安全と生存を保持しようと決意した」と掲げている。これは、素晴らしいことです。しかし、私たちは、外からの攻撃に対して自分の身を守ることまでを放棄したのでしょうか。

もちろん世界の諸国民の公正と信義は信じたい。しかし、現実の人間は誰しも不完全です。だから、個々人のあいだの争いについて取り締まる警察があり、裁くための刑法がある。では、国と国との争いについてはどうか。不完全な人間の集合体なのだから、完璧であるはずがないのは同じですが、国際社会には公正な第三者としての警察もなければ、そこで執行されるべき、刑法もありません。

では平和主義を堅持しながらも、日本の領土や主権を侵してくる事態に、どう対処するのか。悪さをしたら、ただじゃおかんぞという姿勢をどう見せるのか、という話ですよね。そのために、私は九条に「日本が攻撃された場合には、自衛のために個別的自衛権を行使する」と書きこむことを主張しています。

一方でこれは、「個別的」と限定することによって、安倍流にアメリカに追従して、集団的自衛権で世界のどこまででも戦争に行きますというようなことを防ぐ意味もある。あくまで個別的自衛権を行使するために、専守防衛の「自衛軍を保有する」と明記するのです。

樋口　「個別的」というところが、重要なのですね。

小林　もうひとつの要点は、日本は経済的には大国ですから、国際社会の一員として、自衛軍を用いた国際貢献は行うとする。

これは民生部門での協力だけではなくて、集団安全保障ということになります。つまり、世界の秩序を乱すものに対しては、国際社会が協力して警察官となって対処する。その活動には参加するよ、ということです。そして、それが正当なる活動に限定するために、事前に国連安全保障理事会の決議を要する、と明記する。

これなら、同盟国アメリカの要求で組織されるような有志連合には、憲法上、絶対に日本は参加できないと言い続けられるじゃないですか。有志連合は、国連決議（国際社会の合意）なしでアメリカが勝手にやっていることですからね。

そして、軍の暴走を排除するためにも、海外派遣に際しては国会の事前承認を必要とするとも明記します。

樋口　集団的自衛権は行使しない。しかし、国際連合が求める集団安全保障には貢献するということですね。

小林　はい。このように歴代の内閣法制局が示してきた見解を明確にして、現行の憲法に自衛隊もきちんと位置づけられていれば、二〇一四年の閣議決定による解釈改憲も、二〇一五年の安保法案可決も不可能だったはずです。今回は、現行憲法と自衛隊の関係性が曖昧だったせいで、憲法が乗っ取られてしまいました。

また、この曖昧さが、安保法制についての安倍首相の説明になんとなく納得してしまう人々が出てきた原因にもなっていました。安倍政権は「中国や北朝鮮の脅威が現実にあります。それなのに、今の憲法のままでいいんですか」と煽りましたよね。

しかし、安倍首相の煽った脅威は、実際は個別的自衛権で対応可能なものがほとんどでした。日本の領土・領海、そして国民を守るのに、集団的自衛権は関係ないじゃないか、と、一見して分かるような条文になっていれば、一般の人も自民党の論調にひきずられることはなかったでしょう。

実際、二〇一五年六月の衆院憲法審査会で、私と長谷部恭男先生、笹田栄司先生が、安保法制は違憲であると明言するまで、マスメディアですら、政府・自民党の主張にひきずられていたわけです。

樋口　憲法に書いていなくても、自然権として自衛権を保持しているというのが、内閣法制局や小林先生のお考えです。

小林　ところが、ここで安倍政権は話をねじって、集団的自衛権の話に接続するわけです。同盟国アメリカの二軍になって、地球の反対側まで戦争しに行きましょう、というよく分からない話になる。

そういう勝手な解釈を許さない九条を将来的にはつくりたいし、そういうまっとうな議論ができる土壌をまずはつくっていきたいというのが、私の改憲論です。

▼歴史認識を放置したままの改正は危険

樋口　現在は、まっとうな議論ができる土壌が整っていないという点はまったく同じ考えです。

繰り返しますが、私は憲法改正に反対です。九条についても手をつけるべきではないと考えています。

客観的な事実として、憲法制定時に一般的だった九条解釈を、「非現実的」と非難されながらも憲法学の多数意見が主張し続け、それへの世論の一定の支えがあったからこそ、歯止めなしの解釈の独走が抑制され、歴代の内閣法制局見解という現実が維持されてきたのではないか。
改憲は、その、いわば外濠《そとぼり》を埋めるということです。小林先生のように真面目に九条を改正したいという人たちが本気の議論を将来、はじめるというのなら、まずは、大日本帝国の時代から日本国の今日にいたるまでの近現代史全体を通して、日本が戦争のなかでなにを行ったのかについて明らかにし、そこからなにを学んだのかを明確に表明しなくてはならないはずです。ところが現実は、少なくとも一九三一年の満州事変から一九四五年の敗戦までの政府の政策決定と軍の行為について、政府から出てくるまともな総括はありません。

小林　この時点で、自民党の人々は耳をふさいでしまいますね。彼らは一九三一年以降の十数年について「ごめんなさい」とは声高には言いにくい。むしろ、それは自虐史観だ、昔は良かったんだと言い続けてきたわけですからね。

樋口　道義的にも、過去を見つめるべきなのは当然です。
が、それだけでなく、先の戦争のなかで近隣諸国にどのような加害を行ったのかを明確にしないまま、自衛のためとはいえ戦力をもつことを公にすることは、相互不信をますます煽り、東アジアのなかでの軍拡競争を相互破滅的なまでにしていくことになりかねない。

それは、世界のなかでの外交的な立場を弱くすることになります。

小林　過去の反省がないままに九条を変更すると、安全保障の環境を悪化させることになるというご指摘ですね。ごもっともです。

▼ワイツゼッカー演説と安倍談話の決定的な違い

樋口　ここであらためて考えてみたいのが、戦後のドイツの姿勢です。

安倍首相の戦後七〇年談話の発表の席で、「産経新聞」の記者が「一九八五年のワイツゼッカー（当時西ドイツ大統領）演説と通じるような気がする」と発言して、首相も、よくそこに気がついてくれたと言わんばかりの態度を示しましたね。

小林　未来の子供たちにまで謝罪を続けさせるわけにはいかないという発言がワイツゼッカーと同じですね、という趣旨でした。

樋口　しかし、きちんとワイツゼッカーの演説を追ってみれば、安倍談話とはかけ離れたものだということが分かります。

戦後四〇年の一九八五年にワイツゼッカーが行ったあの演説の九割は、ドイツ人の戦争中の間違いをこれでもかと列挙する内容です。

アウシュビッツだけではなく、心身に障害をもった人々やホモセクシュアルの人々に対する弾圧なども含めて、みずからの身を切るようにして語り、過去の汚点に正面から向き合う姿勢を貫いているのです。

そのような語りかけのなかで、哲学的な論理展開として、罪というものはそれを犯した本人しか引き受けることができない、と言うのです。許しを請うことができるのも、罪を犯した個人だけである、と。戦争中に生まれていなかった子孫たちは罪を告白することができない、許しを請える立場を受け継いでいない、と述べたのは、「罪」と「告白」についてのそのような厳しい前提に立ってのことでした。

そのうえで、「罪」なき子孫も、祖父世代のドイツ国民が犯した「負の遺産」を免れることはできない。引き継がれるのは罪ではなくて、責任である。子孫を罪からは解放するけれども、責任はドイツ国民全体が背負い続けるのだ。その責任を負うべき内容が、演説の九割を占めた、ありとあらゆる汚点だということなのです。

小林　なるほど、「未来志向で考えて、過去の話は、なしにしよう」という安倍首相の談話のレベルと一緒にできるものではありませんね。

樋口　ワイツゼッカーの家系は由緒ある貴族で、父親はナチス政権下でも最高位の外務官僚まで務め、その間に六〇〇〇人のユダヤ人をフランスからアウシュビッツに送るための文書に署名していたかどで五年の拘禁刑をニュルンベルク裁判で宣告されましたが、連合国内からの異論が出て一年で刑を終えた人です。

若きワイツゼッカーは、敗戦時に大学を出たばかりでしたが、ニュルンベルク裁判で自分の父親の弁護の補助役を務めたそうです。そういう痛切な自分自身の思いもあって、「罪」という言葉を非常に重く使ったのです。

小林　未来の世代に責任はないと言って、喝采を浴びた安倍談話をワイツゼッカーの重い演説と同じにしては、あまりに失礼ですね。

▼戦争責任を引き受けてこその外交力

樋口　こうした国家としての過去に対する反省を経たうえで、ドイツはどのような道をたどったか。経済大国になったという点だけ見れば、日本もドイツも同じです。

ところが、ドイツは日本に比して、圧倒的な外交力を身につけました。たとえばイランの核協議です。あれは国連常任理事国五大国にくわえて、ドイツが参加している、5プラス1ですよ。日本と同じで常任理事国にしてもらっていないけれども、最近の重要な国際会議はみんな5プラス1です。

軍事的にはどうでしょうか。ドイツには軍隊はありますが、核はもっていない。米軍などとは戦力はくらべ物にならないほど小さいわけです。防衛費・軍事費も日本と変わりない。ところが、中東のホルムズ海峡に戦争しに行くとまで言っている日本には、イランの核協議でなんのお呼びもかからない。

小林　少なくとも、日本の軍事力が足りないわけではないですね。自衛隊が自衛軍になっていたって、5プラス1には呼ばれませんよ。どう考えてもね。

樋口　それは端的に言って、EUという経済圏の盟主となったドイツの意向を無視してはヨーロッパが動けないところまで、地道に勢力を伸ばしてきたからです。

これは単純に、ドイツの運が良かったということではないと思います。一九八五年の段階で、戦争の責任を明らかにし、真摯《しんし》な態度を近隣諸国に見せた。それを基礎に、EUの主軸としての今のドイツがあり、世界のなかでの発言権が強くなった。発言権が強いということは、安全保障の面でも、大きな国益になっている。

小林　戦争責任からできるだけ逃れようとして、近隣諸国との緊張を深めている日本とは大きく違いますね。

樋口　ここで、九条を戦後、ずっと保守してきたことの価値が出てくるのです。日本政府の戦争責任に対する姿勢は不十分なものであった。しかし、主権者たる国民が、九条を廃棄させずに、保守してきたことが、世界の多くの人々のあいだで信頼を受ける日本という地位をかろうじて築いてきたのです。

▼軍隊の創設と徴兵制

樋口　それから、九条改憲を主張する人々にどうしても言いたいことがあります。九条改憲を叫ぶなら、正面から議論の俎上《そじょう》に乗せなくてはならないことがある。それは、徴兵制の議論です。

小林　徴兵制ですか。

樋口　九条改憲を私は支持していませんから、私が徴兵制を好んでいるわけではありません。しかし、九条を変えて軍をつくるというのならば、その軍隊は徴兵制でなければならないと考えています。

小林　それは少し意外です。つまり、国防軍ができたら、いずれ徴兵制に行き着くのだから、隠さず議論せよということですか。

樋口　いや、違います。行き着くところではなくて、「専守防衛のための国防軍をもつというならば、徴兵制であるべきだ」と、私が考えるのです。

小林　そうですか。

樋口　九条改憲を説く政治家は、しばしば「徴兵制にしないから安心しろ」と言いますね。これは非常に不見識だと思う。私は仙台出身ですが、仙台出身の議員なら、選挙区に帰ったとき、「先生、まさかおらの孫っこば軍隊さ取るんでねえっすぺね」と地元の後援会で訊かれるのが怖いのでしょうね。だから、「徴兵制にしないから安心しろ」と政治家は言いますが、これはまったく本質を見失っています。

もし日本国民が正規の軍隊を憲法で承認することが必要だと判断するならば、そのときには全国民が、女性も含めて、短期間ずつでもその軍に関与していく必要があると思う。もちろん、こうしたことを言うと、反論されるのは分かっています。「現代の兵器は高度に専門的な機器ばかりで、素人が扱えるものではない。世界各国が徴兵制をやめて、プロの軍隊をつくっている時代に、馬鹿を言うな」とね。

小林　改憲派はそう言うでしょうね。そうした反論があると予想されたうえでも、徴兵制をセットにすべきと主張されますか。しかも改正反対のためのレトリックではない、とおっしゃる。

樋口　はい。これは改正反対のための論理ではないのです。大日本帝国の軍隊は誰のための軍でしたか。天皇のための臣民による軍隊でした。

小林　そうです。

樋口　大日本帝国では軍の論理が国民を完全に支配してしまった、という経験を反省したうえで、もし新しい軍隊をつくるとしたら、なにを考えるべきか。それは、今度こそは国民主権の論理で、軍をつくらなくてはいけないということです。これが私の持論なのです。

徴兵制の起源はフランス革命にあります。王制を廃して、人民の国をつくるからには、人民の軍隊が必要である。戦闘のプロが権力者と結びついた、王のための傭兵集団ではいけない。それが徴兵制による国民の軍隊のはじまりだったわけです。

小林　つまり、一部のプロに戦闘を任せるというのは、実は権力者に好き勝手させる道具を与えることだということですね。

樋口　戦争が好きな者だけで軍隊をつくれば、国民的な常識から乖離《かいり》した集団になってしまいます。かつての関東軍のように、中国要人を爆殺せよなどという動きが出てきたとき「いや、ちょっと待て、全国民を巻きこむ戦争をしていいのか」と思わずにいられない人たちが、組織のなかにいなければなりません。

市民の意思を反映しつつ、志願制にすればよい、という意見もあるかもしれない。しかし、私はこれにも反対です。現にアメリカでも起こっている現象ですが、表向きは志願制だと言いながら、貧困層だけが志願する経済的徴兵制が問題になっていますね。経済的困窮のせいで軍に志願して、イラクやアフガニスタンに派遣され、運悪く命を落としたり、帰国できてもPTSD（心的外傷後ストレス障害）で心に深い傷を負ったりする若者が大量に出ています。

国民のための軍隊だと言うなら、貧しい若者だけに負担を押しつけ、血を流させるという方法は公正だとは思えない。

小林　いや、本質論としてまったく同感です。軍隊をもつなら、その戦力は誰が担うのかという問題は、やはり私の考える護憲的改憲論でも重要になってくると思います。

アメリカだって、元はイギリスの植民地でしたから、イギリスの駐屯軍はいたけれども、最初は軍隊がなかった。その状態でイギリスとぶつかってしまったとき、まさにミリシャとかミニットマンとか呼ばれる民兵組織が、つまり市民みんなが自分の家にある猟銃をもって、制服も不ぞろいのまま集まって戦って、国をつくったわけですね。まさに、自分の身は自分で守るという精神で、市民が軍隊をつくったわけです。

つまるところ、国民が国民投票によって、国防軍をつくることを是とするならば、それはあなた自身、主権者として、ある種の分担をすることを覚悟してくださいね、という話ですね。今の自衛隊の名前が変わるだけで、勝手にしてくれ、自分には関係ない、というわけにはいきませんよと。

樋口　そうしたことまで、改憲論者は考えていますか、と問いたいのです。

▼自国民に対する罪

樋口　それに、戦前の日本軍が犯した罪は、外国の国民に対するものだけではありません。大日本帝国の臣民に対しても責任があるはずです。
大東亜戦争はＡＢＣＤ（アメリカ・イギリス・中国・オランダ）包囲陣に囲まれて、やむを得ず立ち上がった戦争だ、つまり国民の生活を守るためにやむを得ずやった戦争だと、半ば公然と言ってきた人たちがいます。
小林　郷愁派の政治家はそうです。
樋口　しかし実際には、国民の暮らしを守るためだと言いながら、旧日本軍は国民を守らなかった。それどころか、積極的に危険な状態に置いたという悲しい現実がある。

日本軍の最精鋭をえりすぐったと言われていた満州駐屯の関東軍が、民間人の日本人居留民を放棄して、惨憺《さんたん》たる目に遭わせた。沖縄では、日本軍が展開していたそのことが、住民の被害を大きくした。しかも、沖縄県民の約四分の一から三分の一が死ぬという被害が出たのは、正規軍同士の戦闘の巻き添えというだけでなく、日本軍が住民をゲリラ戦に使ったことで、米軍が恐怖を覚えて見境なく攻撃するようになったことなども関係があります。あるいは日本軍そのものが、窮地に陥った局面で住民に自決を強要した結果でもありました。

小林　一般市民に対してだけでなく、兵士の扱いも問題ですよね。兵站《へいたん》、安保法制の言葉で言えば後方支援を整えることなく、兵隊の命を駒のように扱いましたね。兵站をおろそかにしたまま戦争に突入するというのは、とんでもない話です。

樋口　ガダルカナル島、硫黄島《いおうとう》、インパールなどでの作戦が、兵站無視のとんでもない状況で行われたことは、最近、やっと一般にも知られるようになってきました。日本全体が根本的に物資がないという状況で、追い詰められたうえでの戦いだったのは確かです。しかし、これは、国民の軍ではなく、お国のための臣民の軍だったからこそ、起きたことではないですか。

もちろん徴兵制を採用すれば問題が解決するわけではありません。徴兵制であれ、志願制であれ、「個人」という文言を憲法から削りたいと考える政治勢力の考える軍隊が、兵士一人ひとり、国民一人ひとりにとってどのようなものになるか、そこも考えなくてはならない。

小林　今の改憲を提唱している政治家たちは、まさに兵站なきあの戦争を遂行した人たちの子孫ですからね。

▼九条改正による対米独立まで考えるなら

樋口　もうひとつ、改憲派に釘を刺しておきたいことがあるんですよ。軍隊をもちさえすれば、対米従属構造から逃れられると考える人たちに対してです。
安倍政権が実際にしていることは、戦後レジームからの脱却と言いつつ、実際には対米従属路線、それが言いすぎなら対米協調至上路線です。日米関係を強化するそのために、日本の自衛隊の使い勝手を良くしようという発想です。けれども、一方では九条を改正し、個別的自衛権を強化することによって、一種の軍事的な対米独立につなげていこうという主張もありますね。小林先生としては、これをどう考えますか。

小林　私は、どちらの考えにも与《くみ》しません。

まず、ご指摘のように、安倍的なる人々は、戦国乱世がはじまった新しい状況のなかで、中国が怖いから、アメリカと仲良くする以外に生きる道がないと選択している。そのうえで、アメリカにしっかり守ってもらうためには日本もアメリカに貢献しないと助けてもらえませんよと主張するわけです。

しかし、アメリカがはじめた戦争でまともに終わった戦争はない。ヴェトナムもアフガニスタンもイラクも、結局は動乱が拡大した。アメリカが勝った戦争はないのです。

それなのに、むやみに戦争をしたがるアメリカに日本がついていったら、新しい敵をつくるし、人も殺さなくてはならないし、国内ではテロによる報復を恐れなくてはならない。しかも軍事費がかさんだ挙句、アメリカのように国家が破産寸前の状態に追いこまれる。なにもいいことはないですよ。だからこの路線は取れません。

かといって、日本が今さら完全に独立した軍隊をもって、米軍の力は一切借りませんというのも、現実的でないと思います。

これまで、アメリカの二軍になるのを防いできた九条の条文を明確化して、距離を取りつつ、日本を守るというのが私の考えです。

樋口 そういう先生のような主張と違って、軍事的にアメリカから自立した国家になりたいという論者も少なからずいます。それを言うならアメリカと軍事的に対抗する覚悟はあるのかと問いたい。

対米独立、自主外交路線ということで思い出すのは、フランスのドゴール大統領です。戦後、ドゴールがやったこととはなにか。植民地放棄と核兵器保持です。

まずはアフリカの植民地を放棄し、植民地主義に対する内外からの批判から解放される道を選んだ。これはきれいな話のようで、フランス協力派と独立派の血の争いがアルジェリアで起きるなど、大変なプロセスでした。と同時に、核実験をサハラ砂漠で行い、植民地主義の過去への批判をかわしつつ、核兵器をもつことでアメリカと対等になろうとした。

小林 核兵器はあまりに圧倒的なので他の兵力が弱くても、核保有国だというだけで、ある種の覇権をもつ国々の仲間に数えられるわけですね。

樋口 だから、もし日本がアメリカからの純粋な軍事的独立を考えるならば、唯一の核兵器被害国でありながら、あらためて加害の側にまわることまでするのかどうか。まず、アジアに対しては平謝りに謝って、フランスが植民地を流血沙汰になっても手放したような覚悟でもって必死に謝って、過去と決別する。そのうえで、広島・長崎の人たちにも謝って、こうしなくちゃ、どうしても日本は立ち行かないんだと言って、核兵器をもつ。そんなことは、私にとって倫理的に許されないことです。

それにしても、核兵器をもたせまいとしてアメリカはあらゆることをやるでしょう。だから、軍事的に完全に独立するというのは、所詮《しょせん》は実現不可能ですが、もしそれを本気で望むなら、そういうグランド・デザインを描かないといけないはずです。

▼九条は戦争を防いだ

小林　日本が軍をもちさえすれば、対米独立ができるというのは、寝ぼけた話ですよね。最近、つくづく思うのは、九条があったからこそ、日本は海外で戦争をしないですんだということです。このことをしみじみありがたく感じます。

こう言うと、「平和主義というお題目で戦争を防げるのか」という反論がすぐに返ってきますが、少なくとも、アメリカの戦争につき合わなくてすんだのは、まぎれもなく九条の効果です。

樋口　そうです。

小林　あるいはこんな反論もあります。「韓国と北朝鮮がバッファー（緩衝地帯）としてあったから、日本は直接、共産圏と向かい合わないで済んだ、だから軍隊がなくてもやってこられたんだ。九条のおかげではない」という主張です。

冷戦構造下での日本の歩みをあらためて見てみると、確かに、日本が他国から襲われなかったのは、日米安保、つまり米軍と自衛隊の存在のおかげでしょう。しかし、冷戦時代に世界各地で紛争が絶えなかったなかで、アメリカの軍事的同盟国でありながら、日本が外に出ていって戦争をすることなく戦後七〇年を迎えることができたのは、まぎれもなく憲法九条のおかげです。

九条がなければ、ヴェトナム戦争に参戦した韓国軍のように、早い段階で戦争に巻きこまれていたはずです。九条のおかげで、派兵できない、とアメリカに言えたのです。

樋口　たとえばブッシュ・ジュニア政権がイラクに攻めこんだときに、かろうじて日本が戦闘部隊を派遣しないですんだのは、ときの小泉政権が「この戦争にはつき合いません」と言ったからではなくて、むしろつき合いたいけれども九条があるからそうもいきません、ということだったわけですね。

ドイツとフランスもつき合わなかったわけですが、彼らは「この戦争はやるべきでない戦争だ」と言った。それで、フランスはとくに、アメリカに相当いじめられました。日本は、「理解する」という立場を表明しつつ、しかし九条があるからということで踏みとどまった。

小林　そうなのです。アメリカさん、おたくたちが憲法九条をくれたおかげで、すいません、私たちはあなたがたの戦争には加担できませんよ、と突っぱねてこられた。

当時、ホワイトハウスや国務省の高官からじかに、「日本はいつ九条を変えてアメリカとともに戦争できる国になってくれるんですかね」と聞かれたことがあります。つまり、九条がある以上、日本が派兵できないことをアメリカ側ははっきり認識していたんですよ。いくらアメリカがわがままだとはいえ、他国に憲法を無視せよとは言えなかった。さすがにあの超大国も立憲主義の国ですから。そういう意味で、九条は防波堤になってきたのです。

▼冷戦期の代理戦争

小林　ところで、冷戦期の意味を安定期だったと逆にとらえる人もいますね。「冷戦はアメリカとソ連のパワーが拮抗《きっこう》していたから、かえって世界秩序は安定していた。冷戦崩壊後の今のほうが、東アジアの緊張は高まっているから、九条の改正が必要なのだ」というような反論がそこから出てきます。これには、どう答えますか。

樋口　冷戦期というのを、仔細《しさい》に見てほしいですね。ヨーロッパでは「冷たい」戦争として、その意味で安定していたかもしれません。鉄のカーテンで東西にがっちり分かれて、その状態で安定していた。

しかし、代理戦争の形でアジアでは「熱い」戦争が常にあった。中国の内戦があり、朝鮮戦争があり、もちろんヴェトナム戦争があり、アフガニスタンにも及んだ。米ソから見れば辺境であるアジアで代理戦争をやらせていて、彼らを中心とする世界全体の枠組みは安定しているということだったんだと思いますよ。

小林　そうですね。代理戦争という形で、軋みはアジアに現れていた。

樋口　だから、冷戦期より不安定になった東アジア情勢に対応するための九条改正、という主張には当然、反対です。

唐突ですけれども、「仁義なき戦い」という映画五部作をご覧になったことはありますか。

小林　菅原文太さんが主演しているヤクザ映画ですよね。

樋口　菅原文太は高校の一学年上の友人です。彼が亡くなってから、「仁義なき戦い」シリーズをＤＶＤであらためて見て、映画の冒頭の画像が戦後史の要約になっていたことに衝撃を受けたのです。「代理戦争」というタイトルのついた一巻があるのですが、表面的には、広島の小さな組同士が、大きい暴力団の抗争に絡んで代理戦争をする話です。ところが、話の導入部でヴェトナム戦争の映像とナレーションが入り、物語の最後は、広島の原爆ドームを背景に終わるのです。

小林　へえ、ヤクザの喧嘩《けんか》の話なのに。

樋口　日本が米ソ冷戦の代理戦争の現場になってはいけないのだと訴えている。朝鮮半島からヴェトナムまでが、代理戦争の構図に巻きこまれて、大変なことになっていた。日本がそういう事態に巻きこまれてはいけない、ということを、娯楽作品ながら、強く訴えていたと思いますね。

　脚本を書いた笠原和夫さんは戦争について強い問題意識をもつことになる軍体験をした人で、広島原爆投下の日には一八歳で広島の部隊にいたようです。菅原文太は俳優として出演した立場の人間ですから、脚本にはかかわっていないけれども、彼の人生にはずっと、歴史や国のあり方という問題意識があって、沖縄への関心は尋常一様でなかった。

小林　そうでしたか。菅原文太さんらが心配した「代理戦争」に日本が巻きこまれなかったのは、九条のおかげでした。それは間違いないことです。

▼再評価すべき五五年体制

樋口　この話とも関連して、いわゆる「五五年体制」を私は評価したいと考えるようになってきました。

小林　自民党と社会党の対立していたあの五五年体制ですか。対立と言っても、社会党の議席数というのは、だいたい自民党の半分より少し多いくらいでしたし、他の野党も今よりは元気で多党制の時代だったとも言えますね。もちろん自民党の一党支配は一九九三年の細川護熙《もりひろ》政権成立によって終わるまで、三八年間、続きましたが。

五五年体制は、政治学者のあいだでの評判が悪く、欧州なみの二大政党制にせよ、そのためには小選挙区制が必要だ、ということで、今のような選挙制度が生まれました。

樋口　五五年体制の原型をつくった一九五五年二月総選挙は、鳩山一郎内閣のときで、政権の側はまさに、自主憲法制定ということを大きく訴えて選挙戦を戦ったわけです。その結果、左右に分裂していた社会党が合わせて三分の一を超える議席を取り、同年秋に社会党の統一と保守合同が実現し、これが体制として安定することになる。自民党が一貫して政権与党であることは維持されるけれども、憲法改正はできない、という状況になった。

小林　憲法改正が党是の自民党が、第一次安倍政権まで憲法改正を言いだせずにきた。第一次安倍政権でも、もちろん、発議はしていない。

樋口　左派の社会党には旧ソ連の影響があり、自民党にはアメリカの後ろ盾があったわけですから、冷戦下特有のパワーバランスのなかで憲法が守られてきた、という指摘もあります。

しかしさらに国内の政治状況を見ると、私は五五年体制下の憲法議論の凍結というものが、実は当初の自民党対社会党という構図によるものだけではなくて、ある時期からは自民党内で、改憲派対護憲派が拮抗する体制ができていたからだろうと思うのです。ハト派とタカ派の派閥でいわば、党内政権交代のようなものが続いていた。三角大中福（三木武夫、田中角栄、大平正芳、中曾根康弘、福田赳夫）というリーダーそれぞれに、たとえば対中政策も明らかに違いましたね。

つまり、五五年体制下の自民党政権というのは、実は連立政権に近いものだったのです。各派閥がひとつの政党で、その親分の主張によって派閥の性格が決まる。互いに「今度はこっちを総理にしろ、その分、憲法改正は我慢する」といった状況を読み取ることもできていました。

だから、あれほど改憲を主張していた中曾根首相でさえ、「この政権では政治日程にはのせない」と、改憲論を封印したわけですね。それは、当時の社会党の力量が怖かったからというよりは、派閥の力学のなかで、改憲論をやっては権力の基盤がもたないということを感じたわけでしょう。

小林　自民党の内部でパワーバランスの駆け引きがあって、結果的に憲法が守られた。そのあいだに日本は経済成長ができたということですね。

樋口　政治の硬直として評価の低い五五年体制ですが、比較政治論として見れば、議院内閣制運用のひとつの型としてとらえていいと思っています。

小林　そういう流れで言えば、五五年体制では「決められない」政治が続くので二大政党制のほうが良い、ということで小選挙区制になった。そして起こったのが、小選挙区制で、あまりに振れ幅の大きい選挙が続き、地盤の強さで勝てる議員だけが残り、自民党内から実力派の議員が消え、郷愁派の議員ばかりになった。これは第一章でお話をしたとおりです。

しかも、小選挙区制では党の推薦が重要です。地元の切実な声よりも党本部の顔色ばかりうかがう政治家が増えた。自民党の議員に会うと、「小林先生、頑張ってください。私は改憲に反対です」とこっそり伝えてくることが多い。党本部に逆らえないような政治家を小選挙区制が増やしてしまったのですよ。

樋口　つまり、自分の頭で考えられない政治家が増えているということですね。これからの世界情勢を考えると、これは困ったことだなという思いで聞きました。

冷戦が終わって、超大国はアメリカただひとつだという、アメリカ一極覇権の時代がしばらく続きましたが、中東での二つの大きな戦争を経てアメリカは弱体化し、ロシアや中国といった対抗勢力が再び力を増し、さらには、そういうすべての既成大国をゆるがす動きが、中東や北アフリカから世界中に拡散しています。

小林　ロシアはすでに資本主義国で、イデオロギー的な意味での対立軸ではありませんが、それでも反アメリカという意味では巨大な勢力ですね。

さらには、米中の覇権争いというものがあって、一種、冷戦的な状況にあるわけです。あるいは多極化とも言えます。

樋口　多極化している現実があっても、アメリカ側につこうという意見が多いと思うのですよ。しかし、アメリカ一辺倒でいいのか。そういう思考をもてる政治家が必要です。

小林　そうしたことが、政治路線の多様化につながればいいということですか。

樋口　ええ、政治家がそれぞれの頭で考えてほしいですし、何よりも国民一人ひとりがそういう政治家をどうつくりだして行けるかです。

第八章　憲法制定権力と国民の自覚

▼憲法の改正のハードルは高すぎるのか

小林　ここまでは、自民党の憲法改正草案を読みこみながら、自民党のなかの郷愁派・復古派が、どんな社会を理想として、新しく憲法をつくり直そうとしているのかを見てきました。

第六章の結論にあるように、自民党が理想とする社会は、私たち国民を将来にわたって幸福にするものとは思われない。こんな憲法をつくられてはたまらない。かつての自民党ブレインで「改憲派」の私でも、この改正草案は阻止しなくてはならない、と強く思うわけです。

自民党が憲法改正について、現段階では緊急事態条項からはじめようとしてはいますが、ここで、なぜ憲法の改正のハードルが特段に高く設定されているのか、ということを考えておきたいと思います。

というのも、憲法改正手続きそのものを変更して、改正のハードルを下げようとする動きを自民党が過去に見せたことがあったからです。つまり、憲法の改正規定である九十六条の改正を行おうとした。衆参両院それぞれの過半数が賛成すれば、改正の発議を行うことができるようにしようとしたのです。第二次安倍政権が発足して間もない二〇一三年一月のことです。

自民党は自分たちの考える憲法改正案がそう簡単には支持が得られず、実現まで距離があることに気づいています。そこで衆参両院議員の三分の二という改正のハードルを一般法律と同じ過半数とする憲法九十六条先行改正というやり方をひねりだしてきたのです。

樋口　あのときは、なんとか阻止できましたね。自民党ブレインと目されてきた小林先生が、九十六条改正を「裏口入学」だと厳しく批判してくださった。そのおかげで世論も目覚め、反対にまわりました。

小林　私だけでなく、樋口先生を筆頭に多くの憲法学者が一斉に反対でしたから。そもそも憲法九十六条という改正に関する条文によって、その九十六条そのものを改正することは、憲法学的には無理である。それが標準的な学説です。

それになにより肝腎なのは、憲法というのは権力者を縛る法でしょう。日本で権力者と言ったら、国会の多数決で首相の座に就く人じゃないですか。その人が二分の一で改憲の発議ができると言ったら、なんの歯止めにもならない。憲法が普通の法律と同じ地位になってしまいます。

だから権力を握っている人たちに、簡単に憲法を改正させないのが、憲法の当然の前提なんですよね。だから、三分の二以上という特別多数決で縛ってるところを外そうなんてこと自体がそもそも、もう不見識のきわみです。そういう人たちと論争させられることは、本当に虚しいんですけどね。

それから、憲法改正がしにくいという意味での硬性憲法という用語がひとり歩きしているようですが、憲法改正のしやすい「軟性」憲法という選択肢があるわけではないのです。憲法は、硬性であるからこそ憲法なのです。

樋口　法律の改正のような基準で憲法の改正を認めていたら、社会が安定しません。

小林　改正のハードルを下げたいというのは、憲法学的には無理筋なのですが、違憲の立法をなに食わぬ顔でできる自民党ですから、なにをするか分かりません。だから、有権者の皆さんには、硬性であることが憲法の本質で、改正しやすい憲法になったらそんなものは憲法ではない、そういう動きは怪しいものだと覚えておいてほしいですね。

樋口　怖いと思うのは、「決める」政治、「決断の早い」政治を国民自身が望んでいるのではないか、ということです。そういった性急に解決を求める気持ちが、憲法についても、もっと早くお手軽に変えられるものにしてあげようじゃないか、ということにつながりかねません。

そんなに素早く「決める」ことが大切なのか、それとも少しずつ慎重に対応していくことが大切なのか。一国の政治や、ましてや政治体制であるconstitutionについては、後者でなくてはいけないはずです。硬性憲法の意義とはそこにあるわけです。

▼「憲法制定権力」とは――

樋口　重ねて言いますが、こうした政治における性急さや決断主義は、恐ろしいものです。しかし、歴史をたどってみると、憲法についても「決断しやすく」せねばならないという議論はありました。一切の手続きに拘束されることなく、国民がその力を発揮して決めてしまえばよい、という議論です。

小林　法的な手続きなしに憲法をつくる憲法制定権力。ついに、この本も、憲法制定権力について語るところまできました。非常に重要なポイントです。

樋口　はい、憲法学の要《かなめ》と言ってもよいほど重要です。

しかし、この憲法制定権力についての議論は、下手に利用されるととんでもないことになる。だから、今まで私は、学会での議論などは別として、憲法制定権力について踏みこんだ話をあまりしてきませんでした。

ただ、ここまで立憲主義が危機に陥っているとなると、この話も、有権者に理解してもらうしかない。そういう覚悟でこの用語の説明をしていきたいと思います。

さて、あえて輝かしいと言いますが、憲法制定権力の輝かしい先例が、フランス革命です。目の前にある旧体制を粉砕し、一切の手続きによらずとも、憲法制定権力の持ち主である国民が望んだものが憲法になる。このような主張のもとに、フランス革命は敢行されました。

小林 実際には憲法をつくるだけではなくて、旧体制の権力者を生かしてはおけないと、国王の首を切り落としてしまったのですけれどね。

樋口 そうそう。だから、憲法制定権力という概念が出てくるような状況というのは、非常に危険で、暴力革命と表裏一体のようなところがある。社会が非常に不安定になったときに、これからの新秩序は自分たちがつくるのだと言って、革命勢力が自分を正当化するのです。

小林 しかし、革命が成功した後は、憲法制定権力者が考えるのは、新しく樹立した体制を守りたいということです。制定した憲法のもと、安定した体制を長く続けさせたい。だから、憲法の条文として、この憲法を変えてもいいが、そうそう簡単には変えるなよ、という規定を入れておく。

日本国憲法で言えば、話題にしたばかりの九十六条です。他の法律のように過半数で憲法改正ができるなんて、とんでもない。ちゃんと三分の二の議員の賛同で発議せよ、というわけです。ですから、先ほど言ったように、九十六条の改正は不可能だと考えるのが、標準学説なんですね。

しかも、制定と改正は違う。革命の伴わない改正権なんかが改正できる内容には、限度がありますよ、ということもお知らせしておきましょう。

樋口　つまり憲法制定権力よりも改正権限のほうが一段下なのです。それゆえ、改正権限を使って、憲法制定権力の所在を動かすことはできず、したがって国民から主権を奪うこともできません。

実は憲法制定権力という考え方は、それ自体が抜き身で動きはじめると立憲主義を破壊する力を発揮しますが、できあがった新しい法秩序の頂点に居場所を見つけると、自分より一段下の憲法改正権のやれることを限界づけることによって、立憲主義と結びつくものになるのです。

小林　新しい憲法を制定するというのは、体制そのものの転換です。たかだか数年間の期限つき雇われマダムにすぎない首相が変わるたびに、もし憲法の改正や制定があったら、社会がむちゃくちゃになってしまう。九十六条の改正規定のように、改正するとしても高いハードルにし、改正できる内容も限定される。国民主権といった大原則には、改正権では手を出せないはずなのです。

▼万能の憲法制定権力vs.アンシャン・レジーム（旧体制）

樋口　せっかくですから、フランス革命の前夜からこの憲法制定権力という言葉が生まれた経緯の話をさせてもらえませんか。

小林　はい、ぜひ。

樋口　フランス革命のはじまりのころ、身分制議会の第三部会が、国民全体の代表として「憲法制定国民議会」を名乗ります。身分制を否定し、国民の平等を謳うためですね。そのときの思想的な基盤になったのが三部会のメンバーだった、アベ・シイエスが著した『第三身分とは何か』です。

「憲法制定国民議会」ができたとき、旧体制派はもちろん反発し、王位継承などのルールはすでにある、そうした法秩序こそが憲法だと言って対抗しました。
一方シイエスたちは、憲法を意識的に創造できる権利をもっているのは、人民だけだと主張し、人民が行使しうる権力をして、「憲法制定権力」と呼んだのです。人民がこの権力を発動すれば、それは万能であって、旧体制がなんと言おうと、その定めるところに従って憲法が創造されるのだ、と言った。

小林　旧体制下の権力をまったく無効にしてしまおうという、破壊的な主張ですが、これがフランス革命の理論的な支柱になったわけですね。

樋口　もう少しだけ理論的な面も補足すると、近代以前は、そもそも「法」というものは、人間がつくるものではない、と考えられていたのです。「自然法」という言葉もあるとおり、およそ、法というものは世の中に自然に存在するものであって、人間がつくるものではない。では、誰が世の中をつくるのか。典型的な立場は、それは神だと考えた。進化論以前のキリスト教世界では、動植物も、天地創造のときから神が創りたもうた、そのままの姿で生きているとされてきました。あれと同じで、法は自然のなかにあって、人間はそれに気づく、つまり「発見」されるものであって、クリエイトするものではないというのが伝統的な考え方だったわけです。

小林　英語では、法も law ですが、物理法則なんかも law と言いますね。神が創造した自然のなかから、人間が発見する。自然科学の研究と同じようなものだったと。

樋口　しかし実際には、人間社会というものは、生身の王様が支配していたわけです。もちろん、王様だけではなくて、各地域の支配権をもつ、それぞれの封建諸侯が利害を調整していた。だから、常に完全な暴走、独裁だったわけではないけれども、結局、法は権力者たちによって、勝手に「発見」されていたとも言えるわけです。

小林　都合のいい話ですね。

樋口　それではいけない、憲法というものは「創造」されるべきだと言いだしたのが、先ほどのシイエスです。そして、彼の理論のもとで、王制打破まで歴史は動いた。

▼安倍流「憲法制定権力」論の皮肉

樋口　だから、第一章で触れた安倍演説は、さまざまな意味で皮肉な話なのですよ。

小林　国会の三分の一の勢力でもって、改憲を求める国民の声を邪魔するのは横柄だと言ったあの講演ですね。

樋口　この講演のなかの「改憲を求める国民の声」とは、今、私たちが話題にしている憲法制定権力そのもののことでしょう。国民が万能の憲法制定権力をもっているのだから、議員は邪魔するな、と語っている。

小林　しかし、「改憲を求める国民の声」が、現実の世論調査などでは、いまだ多数派になってはいませんから、誤解のうえの発言です。しかも、今までお伝えしてきたとおりの自民党の憲法知識のレベルですから、安倍首相が憲法制定権力について知っていたとは思えません。

樋口　そのとおり。モリエールの喜劇（日本では『町人貴族』の訳語で知られている）に、散文と韻文の区別を知らなかった登場人物が、「そうか。俺は長年、それとは知らずに散文を語っていたのだな」と言う場面がありますが、安倍氏は「それとは知らずに」憲法制定権力について語っていたのでしょう。

この演説の当時、自民党は与党に返り咲く直前で、安倍自民党総裁はこの国の最高権力の至近距離にいました。憲法制定権力で打倒されるべき体制側の人間が、憲法制定権力について語る。なんという皮肉でしょう。

小林　しかも、彼は戦前支配層の孫ですから、言ってみればアンシャン・レジームの権化のような存在です。そんな彼が、フランス革命の理論的支柱である憲法制定権力を語っているとは……。フランス革命では、国王の首は刎《は》ねられました。憲法制定権力論は、体制にとって一番危険な議論ではないですか。

樋口　矛盾だらけ、皮肉だらけなのですが、この発言をもう少し大きな文脈に置いてみると、筋が通っていることが分かります。安倍氏が打破したいレジームが何なのか分かりますか。彼がひっくり返したいレジームと言えば、あれですよ。

小林　戦後レジームからの脱却ですか！

樋口　戦後体制を打破したい。そう考えれば、すべて、つじつまが合うでしょう。

▼ナチスにとっての「戦後レジームからの脱却」

樋口　戦後レジームからの脱却ということと、憲法制定権力の二つが出揃《でそろ》ったところで、ここでまたナチスの台頭についてお話ししたいのですが。

小林　憲法制定権力という言葉の起源はフランス革命だけれども、その悪用ということで有名なのはナチスの全権掌握ですね。フランス革命のときの憲法制定権力は王制を打破し、その後、社会は混乱したけれど、人民に自由と平等をもたらしました。しかし、ナチスのときの憲法制定権力は、ワイマール憲法を停止し、民主議会制を壊してしまった。悪夢のようです。

樋口　そうです。シイエスの「憲法制定権力」論はフランス革命による旧体制打破を正当化しましたが、ナチスによるワイマール憲法の破壊を正当化した「憲法制定権力」論は法学者カール・シュミットによるものでした。

そのシュミットの著作に『ワイマール・ベルサイユ・ジュネーブとの闘争』という本があります。ここで言うワイマールは、第一次世界大戦に負けてドイツが押しつけられたとされるワイマール憲法、ベルサイユというのはもちろん屈辱的なベルサイユ条約、それからジュネーブというのは国際連盟です。要するに第一次大戦後の戦後世界秩序に対して挑戦すべし、という内容なのです。

小林　まさに「戦後レジームからの脱却」ですね。

樋口　シュミットは実に多面的な人です。初期のシュミットはフランス革命を羨望し、身分制撤廃によって前近代よりも強固になった近代フランス国民の一体性を称揚していました。ところが、ナチスに入党したのを境に、それまでユダヤ人たちとの親交も深かった彼が、次々に、反ユダヤの排外的な著作を書きなぐるようになる。

そういうなかで、シュミットはドイツ民族の自決ということを強調し、今こそ自分たちが憲法制定権力を行使するときだと叫んだ。ナチズムを民族的なるものとして肯定して、その思想に与するドイツ民族が、押しつけられた旧体制を破壊して第三帝国を建設するのだと主張したのです。

小林　シュミットの言う旧体制とは、第一次世界大戦による「戦後レジーム」なのですね。

樋口　だから、欧米の教養ある人々は、「戦後レジームからの脱却」という自民党のスローガンを聞くと、ナチスとシュミットを思い出すのです。これは危ない、アベという首相は、第二次世界大戦後の世界秩序から離脱したいのか、と思うのですよ。

小林　なるほど。

樋口　欧米のメディアは、安倍政権の初期の段階から、あれは保守政権ではないと見抜いて、革新ナショナリスト勢力だと書いていました。日本の新聞は、いまだに保守政権として分類しているようだけれども、とんでもない。戦後の体制を離脱する、あるいは壊したいと言っているのだから、今の自民党は革命政党ですよ。

▼憲法制定権力と革命

小林　樋口先生から「革命政党」という言葉まで出てきたところで、憲法制定権力について「革命」という言葉を使って、復習しつつ整理してみましょう。

憲法制定権力というのは、はっきり言ってしまうと、革命グループが成功した場合に自分たちを正当化するために言う言葉です。

フランス革命とほぼ同じ時期に、アメリカは独立戦争に勝利し、世界ではじめての成文憲法をつくった。イギリス・ハノーバー王朝の暴政をはねのけて手にした、この独立も原語ではアメリカ「革命」と呼ばれています。シイエスが憲法制定権力という言葉を編み出すより少し前の出来事だけれども、アメリカの国民たちがお馬鹿な王様を張り倒して、新しい体制を手に入れ、憲法をつくった。つまり、革命を起こし、憲法制定権力を行使した。

その延長線上で日本を考えると、最初の憲法制定権力は、明治維新のときに、軍事力で徳川幕府を張り倒した尊王派でしょう。薩長《さっちょう》の軍事勢力が革命に成功し、憲法制定権力を行使した。維新と呼びならわしているけれど、あれだって革命です。

二度めの憲法制定権力は、第二次世界大戦で大日本帝国を降伏させた連合国軍が行使した。そのような経緯で、日本国の憲法が生まれた。

樋口　そうです。ポツダム宣言を受諾したことによって、政府を樹立する権力は天皇から国民に移ったと考えられるわけです。このロジックは「八月革命論」などと言われます。

小林　このような体制の不連続を「革命」と呼ぶのが社会科学の常識ですけれども、その「革命」がフランス革命やアメリカ独立戦争、明治維新のときと同様の暴力や軍事力を常に伴うとは限りません。

暴力も軍事力もなしに、しかも合法的な民主的プロセスを経て、体制が転覆され、既存の憲法が停止してしまうことがある。それが、ナチスの台頭とワイマール憲法停止でした。

樋口　そう、必ずしも、最初に血が流れるとは限りません。

小林　その前提で、今の安倍政権を眺めると奇妙な構図が浮かんできます。この本の冒頭で問題提起したことですが、与党・自民党は、憲法を擁護する義務を放棄しています。安保法制があのような強硬な形で、議事録に採決の様子も描写できないようななかで可決された。あるいは、国会議員の四分の一以上が求めたにもかかわらず、臨時国会が開かれなかった。安倍政権下でのこの国のありようというのは、まさに憲法停止状態に陥っている。要するに、自民党は憲法を否定し、体制を静かに転覆した。

樋口　集団的自衛権を行使できるようにした二〇一四年七月一日閣議決定による憲法九条の解釈変更が大きな区切りでしたが、二〇一五年九月に決定的になりました。

衆院憲法審査会で小林先生が長谷部恭男さんらと安保法制案を「憲法違反」と断じてく

ださり、大きな抵抗のきっかけとなりましたが、二〇一五年夏の国会審議の模様を通じて、権力が憲法を遵守しないという異様な状態があからさまになってしまいました。

▼「静かなクーデター」が起きている

小林　樋口先生は政治に直接つながる発言には、学者としてきわめて抑制的な方でいらっしゃるから、こういう表現は使われないかもしれませんが、憲法擁護義務のある権力者が憲法を擁護せず、違憲立法まで行うこの状況は、クーデターと言っていい。

樋口　歴史の常を考えると、クーデターというのは、軍隊など実力部隊の戦力を背景に、政府を制圧して非常事態宣言を出したりして、憲法を停止して、そこからクーデター派の独裁がはじまるわけです。安倍政権の場合は逆に、権力を掌握して独裁的に国会運営をして、実質的に憲法停止状態をつくってしまうということになっている。

小林　ええ、ですから、権力者による「静かなクーデター」です。革命と言い切ってもいいかもしれない。普通のクーデターならば打倒される側である権力者が、みずから権力を用いて体制を破壊している。とても奇妙な構図です。しかし、やっていることは憲法の停止と、その憲法下にある体制の転覆である点は変わらないわけです。

このまま、日本国憲法が遵守されない状態が定着し、近代憲法の枠組みから逸脱している、個人の権利も保障されない新憲法が成立してしまったとしたら、後世の歴史の教科書は自民党による「無血革命」があったと書くことになるかもしれません。

樋口　ええ。

小林　この動きを止めるのに、まだ幸いなことに「投票箱」というものが機能しています。それが機能しているうちに、我々の憲法を奪還し、権力が憲法を遵守する体制に戻さないことには……。

樋口　この日本でなにが起こっているのかを知る機会があれば、有権者は、より良き選択をしてくれると信じています。いや、有権者は、この状況を知る義務があるのです。

▼憲法の「うまれ」と「はたらき」

小林　この静かなクーデターで自民党がやろうとしていることは、戦後レジームからの脱却、すなわち「押しつけ」憲法の廃棄ですが、これについても少し話をさせてください。

彼らは、日本国憲法はそもそも連合国に押しつけられたから無効だとしつこく主張しています。しかし、それは、第一章で述べたようにハーグ陸戦条約の読み間違いなんですよね。占領政策に支障なき限り、被占領地の基本法制を変えてはいけない、というのがこの条約の正しい読み方です。実際、占領する側は、明治憲法を改正して日本国憲法にしなければ、占領に支障があったんです。

それに主権国家・大日本帝国の決断として、民主主義的傾向の復活強化、人権の補強と軍国主義の除去を終戦の条件としてポツダム宣言受諾で受け入れたのです。だから、自民党の改憲マニアが繰り返す、日本国憲法無効論は間違っています。このこともぜひ、知っておいていただきたい。

それから、制定の過程に文句をつける、「日本国憲法というのは、素性が怪しいんだ」という議論も、彼らはしつこく世論にアピールしようとしますが、これもおかしな話です。素性がどうあれ、日本国憲法は我々国民の幸福追求の役に立ってきたんですから。

樋口　その素性についての反論として、安倍首相が崇拝してやまないおじいさまの岸政権のときに、憲法学者の宮沢俊義先生が「憲法の正当性ということ」という論文を発表しています。

この論文で興味深いのは、宮沢先生が使った「うまれ」と「はたらき」という言葉です。宮沢先生は、こういうレトリックを使った。「今の時代、生まれや素性を云々して、その人の価値を論ずることはよくないはずだ」と。では、なにを基準にものを考えるべきかといえば、その人が成す物事、つまり「はたらき」であるはずだというわけです。

小林　憲法を擬人化しているんですよね。とても分かりやすい。

樋口　一九五七年の論文ですから、日本国憲法の発効から一〇年、この憲法はなにを成してきたかを考えてみよ、というわけです。ついこのあいだも朝鮮戦争があったけれども、憲法の規定もあって日本は兵隊を出さずにすんだ。平和国家を目指して経済に注力して、焼け野原からどんどん復興してきた。これからも、こういうふうに未来を展望することができる。だから、日本国憲法というのは、立派に我々の望む生き方を支える社会の基盤として、良い「はたらき」を見せているじゃないか、と。「うまれ」にこだわって、これを正当な憲法と言わないのはおかしい、と指摘した。

小林　その「うまれ」と「はたらき」の話は、私も非常に共感するようになりました。というのは、その一九五七年からさらに月日が流れて、今や戦後七〇年も超えてしまった。その間、日本はなんだかんだ言って、うまくやってきたわけです。戦争もやっていないし、経済的には伸びるところまで伸びた。だから、もう「うまれ」云々のプライド論はどうでもいいじゃないですか。国民は、そんなこと気にしていないんですよ。気にしてきたのは、戦前の支配層とその子孫たちでしょう。

樋口　我々みたいに、最後は一億総玉砕で、日本人は負けるときには最後のひとりまで戦って死ぬんだと学校で教わった世代としても、新憲法の「はたらき」万々歳なわけです。もう日本は戦争をしないんだ、死ななくてもいいんだという話ですから。

なかには、あの戦争はもっと続けるべきだったと言う人もいる。日本にはまだ八〇〇万人の兵士がいたじゃないかと。武器弾薬も燃料も、食料もない兵隊ですけどね。

確かに、ポツダム宣言を蹴って、国民全員が死ぬまで戦う道だってあったのですよ。悠久の大義を貫くために死になさいという教育を、現に私たち世代は受けていた。

しかし、大日本帝国はそれを選ばず、主権の行使としてポツダム宣言を受諾しました。だから、押しつけ憲法だから嫌だ、と言ったところで、仕方がない。ポツダム宣言受諾という決断をして、自分がはじめた戦争をともかくも自分の意思でやめることにしたのですから。

▼憲法制定権力者としての国民の自覚

小林　その後、連合国が事実上、憲法制定権力を行使して日本国憲法ができて、名義人は日本の国民大衆になった。幸い、とても良くできた憲法をもつことになった。だから、憲法制定権力を握った連合国による押しつけ憲法で構わないんですよ。国民主権と人権尊重と平和主義を基本理念とする日本国憲法は、私たち一人ひとりが幸福の追求ができるように書かれた立派な憲法なのだから。

しかし、この立派な憲法の制定過程で、ひとつ重要な問題が残されてしまいました。名義人である国民大衆は、自分たちで憲法制定権力を行使したわけではないから、憲法をつくったという実感がないのだということです。

実感がないから、押しつけ憲法だと言われるとそうかなと思うし、安倍政権による憲法破壊も、なんとなく見過ごしてしまいそうになる。

樋口　憲法の「はたらき」が肝腎だと言っても「うまれ」がどうでもいいというわけではありません。国民の憲法制定権力と言っても、実際にどうだったのかは別です。フランス革命のとき、実際には、身分制三部会が「憲法制定国民議会の称号を取得する」と自己宣言したのです。西ドイツ憲法の前文は「ドイツ国民は……その憲法制定権力に基づき、この基本法を制定した」と述べていますが、実際には、各州議会の代表である「議会評議会」で可決された条文が英米仏三カ国占領地域の軍政長官の同意を得て公布されるまでは、三地域に分割されていた西ドイツ部分に一体としての「国民」は存在していませんでした。

日本についてはご指摘のとおりだったのであり、だからこそこの七〇年あまり、この国はこの憲法を試行錯誤のなかで運用し、自分たちのものになるようにしてきました。しかし、政治に参加する「市民」としての意識をみんなでさらに強化していかなければ、この難局は乗り切れません。

小林　逆に言えば、憲法を反故《ほご》にしたこの政権を倒さないと、我々が本当の意味での憲法制定権力者になれないんですよ。

私たち一人ひとりが幸せになるためのサービス機関としてつくった国家権力機関が、もし誤作動したら、一時的に国家権力機関のトップにいる人たちを首にすることもできる。もちろん、国民が憲法の書き換えだってすることができる。私たちは、政治に参加する「市民」だと樋口先生はおっしゃいましたが、もっとはっきり言えば、私たちには革命権がある。

違憲政府を倒す運動、この憲法奪還の運動が成功すれば、はじめて我々国民が革命を体験することになりませんか。

安倍政権によって反故同然になっている日本国憲法を奪還し、保守していこうと先生を中心に憲法学者は立ち上がりました。これは戦後史上、はじめてのことです。

樋口　ずっと避けてきた憲法制定権力について話をしたのも、国民にこの危機を理解し、憲法制定権力者としての自覚を深めてもらうためです。

小林　繰り返しますが、革命は必ずしも流血を伴いません。「投票箱」が機能しているあいだは、選挙という手段で、革命を起こすことができます。

そうすれば、私たち日本国民は、憲法制定過程で得られなかった「実感」をここで経験することができます。憲法制定権力者としての自覚とともに、これから生きていくことができる。憲法制定権力者とは、我々、国民なのです。

第九章　憲法を奪還し、保守する闘い

▼奪われた憲法を奪還する

小林　この対談もいよいよまとめに入ります。ここで、この対談の冒頭に申し上げたことを繰り返させてください。

安保法案という名の戦争法案が成立してからというもの、政府が憲法を反故にするという異常な状態にこの国は突入しています。憲法によって縛られるはずの権力者が、憲法に違反する立法を行い、その後も、憲法をいいように解釈したり、無視するような政治を続けている。まさに憲法停止状態です。

憲法を無視するということは、権力者が専制的に国民を支配する前兆です。このような権力者に対しては、護憲派も改憲派もその違いを乗り越えてともに立ち上がり、私たちの憲法を取り戻さなくてはなりません。

現在は幸いまだ「投票箱」が機能しています。反故にされた憲法を奪還するためのこの闘いにおいては、言葉という武器が有効です。

その言葉を用意するのが、この局面での憲法学者の使命でしょう。樋口先生とのこの議論も、そうした使命を果たすためにはじまりました。

樋口　どの分野の専門家でも、世間に大きな影響を与える発言には慎重になるものです。しかしながら、人々の運命、ましてや国家の運命を左右するようなときには、「危ない道だよ」と示すのが専門家の義務です。この義務を果たすべきときが、やってきたと私も考えています。

▼近代国家から近代以前の専制へ？

小林　さて、政府・自民党は一体なにを目指しているのか。

彼らの理想とする社会を知るには、自民党の改正草案なるものが格好の材料でした。自民党の戦前郷愁派や改憲マニアの思想が凝縮した条文を、普通の人にも分かる言葉にときほぐしていくことで、この異常さを伝えることができたのではないかと思います。

樋口　それをもう一度、短くまとめてみましょう。

あの改正草案を法の専門家が読めば、その理想とする国家像は、次のようなものだと言わざるを得ません。

欧米をはじめとする近代立憲主義諸国と価値観を共有する道から日本は引き返し、東アジア型の権威主義、専制主義の国家に向かうのだ——。

これは、近代国家の否定です。私たちが考える普通の国の原則を捨て去るということです。こんな思想をもつ人々が、現在の日本の権力の中枢にいるのです。

小林　目指すところは、独裁国家、北朝鮮。こう言うと、冗談のようにしか聞こえませんが、専門家の知見として、そうだとしか言いようがないことは、第二章から第七章までで詳細に明らかにしたとおりです。

つまり、①主権者・国民が権力担当者を縛るためにある憲法で、逆に、権力者が国民大衆を縛ろうとする。②各人の個性を尊重することこそが人権の本質であるが、それを否定して、国民すべてを無個性な「人」に統一しようとする。③海外派兵の根拠を憲法条文のなかに新設し、その実施条件を国会の多数決（つまりときの政権の判断）に委《ゆだ》ねてしまう。④国旗・国歌に対する敬譲や家族の互助といった本来、道徳の領域に属する事柄を憲法で規律する。

まさに、皇帝と貴族が支配する家父長制国家です。

▼天皇機関説事件のあとさき

樋口　私たちが示した二つめのことは、歴史認識の問題です。自民党の改憲勢力は、歴史的に日本が背負っている戦争の責任を否定します。

一方で、正当な誇りをもってよい歴史については、彼らはあまりに無知です。明治体制のもとですら、立憲政治を確立すべく帝国議会の議員たちは、藩閥・軍閥政治と緊張関係をもって政治を行ってきました。そういう誇りをもつべき憲政史を忘れている。

小林　ただ、立憲主義と民主主義を日本に根づかせようとしてきたその実践は、天皇機関説事件で終焉《しゅうえん》しました。そして、天皇機関説事件以降の暗転した社会を、統制のとれた社会、ぴりっとした社会として褒め称えるのが、自民党の世襲議員たち、つまり改憲マニア、およびそのお仲間の一団です。

樋口先生が「自民党改憲草案は明治憲法への逆行ではない。慶安の御触書だ」という法制史家の言を紹介したように、要は改憲マニアたちが目指すのは、天皇機関説事件で憲法なき社会になった後の大日本帝国です。

そうした戦前期の支配層の子孫たちが望む社会に、私たち国民は戻りたいのか。要するに、支配層に仕える臣民に戻りたいのか。

そうではないでしょう。「殿様」気分の政治家に対して、君たちは雇われの身なのだ、と突き放す力が本来、国民にはあるのです。

▼「知る義務」を果たせるか

小林　我々の憲法を奪還し、保守していくためにどういうことをするべきなのか。ヒントになるのは「知る義務」という言葉です。第五章と第八章の議論のなかで樋口先生が、ふとおっしゃった「知る義務」という言葉が、頭から離れません。国民の「知る権利」という用語は定着していますが、国民の「知る義務」というのは新鮮です。どきりとさせられました。

樋口　国民の「知る義務」という言葉が私の口からはじめて出てきたのは、秘密保護法の問題についての取材を受け、「秘密保護法は知る権利を侵害する」と答えたときのことです。これは、もちろん基本の論点です。でも、さらに私はこう述べたのです。「同時に、この秘密保護法というのは、『知る義務』を国民が行使することをも妨げる」と。「知る義務」という言葉で私が言いたかったのは、我々の公共の社会を維持し、運営していくために必要なことを「知る義務」が国民にはあるということです。

もちろん、普通の国民に危険を冒してまで秘密を探れということはできません。たとえば、戦闘的なジャーナリストに、そういうことをしてもらわなくちゃいけない。それはまさに、我々の「知る権利」を代行してくれるわけです。
ところが、仮に、そうやって体を張って「知る権利」のために尽くしてくれる人がいたとしても、受け手の国民一人ひとりが関心をもたなければ、公共の社会の維持に資することはできませんね。
しかし、現実にはたとえば、沖縄返還で日米にどういう密約があったかを知るよりも、西山太吉記者と女性事務官との間柄のほうが注目される。

小林　沖縄返還に際して日本がアメリカに大金（裏金）を支払うという政府間密約があったという重大な事実よりも、外務事務官と不倫関係だったんじゃないかなどという憶測ばかりが新聞を埋め尽くした。

樋口　しかし、国民の側が本来、知るべきだったこと、興味関心をもつべきだったこと、つまり権力者のあり方をチェックして、本当にこの社会は正常なのかを判断していく材料にするべきだったことは、そこではないわけです。我々、国民の側が知るべきことを「知る義務」を怠った結果が、あのきわめて嘆かわしい状況だった。

小林　この国で起きていることについて知らなければ、正しい投票ができない。今の国民が「知る義務」を果たすかどうかで、この先、何十年か、あるいは数百年も続く、体制が決まってしまう。その緊張感がもっと必要です。

樋口　これは、私だけが義務を果たしていて、他の人はけしからん、と言いたくて話しているのではないのです。私自身、「知る義務」を果たさなかったことは少なくない。

私は仙台の出身ですが、高校時代の化学の先生が、退職後、原発の危険性について繁華街で辻説法するようになったのです。理系の知識をもつ人間として、彼は原発の危険性を世に訴えないではいられなかったのでしょう。

ところが、高校時代に近しい関係であった恩師の声だったにもかかわらず、私は真剣に耳を傾けそれに応えることをしなかった。自分が「知る義務」を怠ったことについて、今は深い後悔と負い目があります。

小林　この後日本が専制国家になったら、次の世代の人々はこう言うでしょう。「引き返せるときに『知る義務』を怠ったのは誰だ」と。その責任は、まさに、今、投票権をもっている私たちが負うべきものですよね。

そして、憲法学者としての私には、国民に届く言葉で、なにが起きているのかを「知らせる義務」がある。

それも「立憲主義の危機」という憲法屋同士の符丁で満足するのではなく、「政権のやっていることは憲法違反です。憲法が捨てられようとしています。憲法は、一時的に権力をあずかっているにすぎない政治家や官僚を暴走させないように主権者・国民が権力者たちを管理する法なのだから、それが遵守されていない今は異常な状態なんですよ。そんな状況でつくられる憲法は危ないんですよ」と知らせなくちゃならない。

▼虚偽の愛国心と真の愛国心

樋口　ここで、明治の先達がどのように国民に立憲政治への参加を呼びかけていたかをご紹介しましょう。権力に対して緊張感をもって政治を行っていた明治の政治家からこそ、「立憲主義の危機」に直面する我々は学ぶことが多いのです。

竹越與三郎という、ジャーナリスト出身で衆議院議員に当選五回、一九二二年には貴族院議員にもなっている人物です。その竹越が一九〇一年、明治三四年に出版した『人民讀本』という本があるのです。題辞は西園寺公望侯爵（当時）のもので、明治立憲政治を担う次なる世代の子供たちに読ませたいとつくった「読本」です。各章の頭には「少年、少女よ」という呼びかけがあって、次の国政選挙から投票権が満一八歳以上に拡げられようとする今の今、ぴったりするではありませんか。

その、第四章「虚僞の愛國心」には、こう書いてある。

「何事にても我國民の爲《な》したることは是なりとするが如きことあらば、是《こ》れ眞正の愛國心にあらずして、虚僞の愛國心なることを忘る、こと勿《なか》れ。……是れ（＝虚偽の愛国心）他國に對《たい》して、我國民の信用と威望とを損するものにして、決して愛國の所業にはあらず」

『人民讀本』（復刻版、慶應義塾福澤研究センター〔一九八八年〕）

小林　すごいなぁ、つまり「自分の国の人間がしたことは、すべて正しいなんて言うのはインチキの愛国心の成せる業だ」と言っているんですね、「そんなことをしていると、他国に向き合うときの国民の信用や威信を傷つけてしまうから、愛国的な行為ではないのだ……」と、これは、もう、少年、少女よりも、どこかの国の総理大臣に読ませてあげたい。明治時代の書物とは思えないですね。今の日本のことを言っているようです。

▼国家の過失を鳴らすは愛国の所業

樋口　この本には、日露戦争という大きな国民的体験をはさんで一九一三年に刊行された大正版があるのですが、その第九章「愛國卽ち忠義」には、こうあります。「元來國家の目的は、個人を生存進歩せしむるにありて、決して之《これ》を壓服抑制《あつぷくよくせい》せんとするにはあらず」。個人という言葉が出てきます。「個人」は、決して戦後だけの言葉ではないわけですね。
そして、こう続く。

「故に國家の政治にして、此の目的に外るゝことあらば、是《こ》れ國家の過失なるが故に、愛國心あるものは、起《た》つて國家の過失を鳴らして、之《これ》を匡正《きようせい》せざるべからず。此の時に方《あた》りては、國家の過失を鳴らすことは、卽《すなわ》ち愛國の所業なりとす」

つまり、国家の政治が、個人を生存、進歩させるという目的から外れたときには、その国家の過失を真の愛国心をもつ者ならば、積極的に警鐘を鳴らして、是正させるようにしなければいけない。このような行為こそが愛国的な行為である。こう言っている。

小林　これは、まさに私たちがやろうとしている闘いのことですよ。

樋口　そう。さらに続けますね。

「然るに世には國家の事といへば、之《これ》を非難せざることを以て、愛國心とするものあり。奸雄《かんゆう》また之に乗じて、その私を濟《な》さんとするものあるは、最も恐るべきことなり」

国家について非難しないことを愛国心と呼び、こうした無批判の状態に乗じて、利益を得ようとする者がいるのが恐ろしいことなのだ、と。こう言っています。

小林　国家の過失をきちんと非難するのが真の愛国だという指摘、本当にそのとおりです。国家や家族への愛を憲法で押しつけようとする現代の政治家とはまったくレベルが違う。愛などというものを法によって国民に強制すべきではないのです。

樋口　放っておくと権力というものは、「愛国心」や「忠義」を上から押しつけてきますよ、ともこの著者は言っています。しかも、その強制によってなにをねらっているのか。誰がそこに乗じようとしているのか。そこに着目しなくてはなりません。

そして、次が実に示唆的です。ときに大衆が愛国心や忠義の押しつけをやると警告しているのです。「寛容の精神」の章を見ましょう。いわく……。

「憲法公布せられ、議會開かれて以來、政府が人民を壓制《あっせい》することは、漸次減少し來《きた》りたれども、之《これ》と共に、別に大壓制家《あっせいか》を生じ來れり。卽《すなわ》ち我々の隣人是《これ》なり。此の隣人は憲法の下に於て、完全なる自由を享《う》けながら、他人が己と異なりたる議論を懐《いだ》くものを見るや、之を攻擊するに止まらず、之を譏毀《ざんき》し、之を譏毀するに止まらず、何故に政府は此の如き邪說を認容するかと論じ、國家の手を藉《か》りて己の反對《はんたい》論を抑制せんとするに至る」

小林　それはすごい。大衆による愛国心の押しつけというのは、増補版の一〇年後のファシズム期の日本を予言したようでもあるし、安倍批判をしたらネットで大炎上するといった事態を、一〇〇年前に先取りしているとも言えますね。

▼新自由主義が憲法前文に登場したら

樋口　そうですね。おそらくここが今回の闘いの鍵になると思います。

私たちはすでに第六章で、安定した社会の基盤を新自由主義によって自民党が破壊し、その被害者である国民の心にあいた穴を偽装の「復古」主義で埋めようとしていると、分析しました。美しい国土、家族、伝統、和といった復古的なスローガンが、偽の癒しとして機能している。

つまり、新自由主義が、ゆがんだナショナリスティックな感情を喚起している。

しかも自民党の改正草案の前文では、その新自由主義を国是として憲法価値にまで高めている。その路線を進めれば進めるほど結果としてさらに排外主義的な風潮に拍車をかけることになるでしょう。その構造についてもっと警鐘を鳴らさなくてはなりません。

そして、私たち専門家がこうして分析した本当のことを伝え、市民に「知る義務」を果たしてもらうには、「言論の自由」が残っているうちが勝負です。

このまま、もし日本が専制的な社会になり、軍事という価値が社会の前面に出てくれば、自由の価値は切り下げられ、切り捨てられていきます。

小林　しかも、自民党が強化したい軍事力は、日本国のためでなく、「米軍の二軍」になるためのものです。

「戦後レジームからの脱却」と言いつつ、対米従属は強化し、そのくせ国民に対しては戦後の自由の価値を否定して、東アジア的な専制をねらう。この体制が定着しないうちに、憲法を奪還しなくてはなりません。

▼憲法を保守するということ

樋口　しかし、このような状況でも希望があると感じるのは、日本国憲法の価値を理解する若い世代がいることです。

あの安保法案への若者の抗議集会に私も参加しました。小林先生が学者として最初に彼らSEALDs（シールズ　自由と民主主義のための学生緊急行動）とはじめて手を結んで演説をし、その翌々週に私も国会前に出かけたときのことなのですが……。

小林　雨のなか、先生がビール箱の上に立った。みずからの政治活動を禁じてきた憲法学者による四〇年ぶりの街頭演説だったと新聞記事にもなっていましたね。

樋口　あの夜、女子学生がこんなスピーチをしていたのです。「今こうやって私たちが生きている普通の生活。これを壊さないでほしいのです」。壊さないでほしい、つまり今の憲法がつくってきた生活を「保守」したいという宣言でしょう。

対照的に思い出すのが、一〇年ほど前にフリーターの男性が発表した文章です。戦争が起これぱみんな平等になる、だから希望は戦争だ、と彼は言った。この青年も格差社会のなかで困窮していたのでしょう。自民党が推し進め、さらに今回の改正草案では「国是」と定めようとしている、新自由主義の犠牲者です。

しかし、この主張は、戦争の実態について想像力がおよんでいない。戦争が起これば、みんな一緒に死ぬのだから平等が実現されるとこの主張は言うけれど、そんなことは断じてない。戦時中でも、商売で大いに儲けている人たちがいた。逆に、権力に逆らって懲罰徴兵として、激戦地の南方に飛ばされた人もいた。

戦争で味わう苦しみに、人々のあいだの平等などなかったのです。

ところが、さっきの女子学生は、戦争がなにをもたらすのかが想像できると言う。憲法を自分の手に取り戻さないと、自分たちや自分の子供たちが戦場に駆り出され、人を殺しあるいは殺されるかもしれない、という恐怖感を切迫したものとして感じ取っている。

こんな政治状況をつくってしまった私たち大人の責任を感じる一方で、戦後の社会を「保守」しなくてはならない、という意識の変化は希望として受け止めたい。

小林　「これまでの歩みを守ってほしい」という声は、つまり「保守」の思想ですよね。

皮肉なことに「保守」の本流を行くはずの自民党の動きに対して、従来であれば左派と呼ばれた人々が、「今までの日本の形を保守してほしい」と訴える。やはり、安倍政権が実質的なクーデターに邁進《まいしん》していることの裏返しだと思います。

樋口　少なくとも先生のおっしゃる改憲マニアたちと安倍政権を支える人々は「革命」勢力です。

紙に書いた憲法という意味の constitution だけでなく、日本社会の構造という意味での constitution まで破壊しているわけでしょう。日本銀行、内閣法制局にはじまり、日本放送協会まで、戦後を支えてきた社会の構造を次々に破壊しようとしてきた。

もちろん、救われる思いがするのは、その破壊に対して、現場では人々が根気強く抵抗し、自分たちの使命を果たそうとしていることです。

小林　自民党のなかにも、救いはあることも言っておきましょう。

戦前支配層の子孫である世襲議員、改憲マニアたちが、自民党のすべてではありません。私を議員会館で見かけて「小林先生、あなたが正しい。安倍首相は間違っている。だから、先生には頑張ってほしい」とこっそり声をかけてくる自民党議員も実は大勢いる。具体的に誰とは言えませんが、力のある自民党議員のなかにも、同じことを言う人間が結構いるのです。

もちろん、本来、政治の場で頑張るべきは、議員本人たちです。ただ、これを政治の劣化と嘆くだけではなく、彼らが声を大きく出せるように、有権者も声をあげなくてはならないし、そのためには憲法学者が有権者に届く言葉を、そしてこの運動の武器となる言葉を用意しなくちゃならない。そのためにあるのが、この小さな新書です。

▼「なめんな」という精神

樋口　この対話の冒頭で、小林先生がこう言われましたね。「この国の主は、我々国民なのですが、その主という資格が奪われようとしている。私たちは侮辱されているのですよ。なめられているのですよ」と。

この発言は、非常に核心を突いています。そして、これを聞いて、亡くなった作家の井上ひさしさんを思い出しました。彼は高校同期の親しい友人です。

井上さんの遺作となった小説に『一週間』という作品があります。シベリアの日本人捕虜六〇万の状況改善を求めて立ち上がった男性が主人公で、井上さんの幼年時に早世された父君がモデルです。作家の大江健三郎さんは、この主人公の闘い方のなかに「人間を・また人間として、辱かしめ・辱かしめられてはならぬとする気質」を読み取った、と書評で書いていています。

辱かしめられてはならないとする、その「気質」が、日本社会を最後のところで支えるものになるはずだと、私は思うのです。

私たち一人ひとりが、誇りをもつ。「なめんな」という精神をもつ。それが、危うげになった日本社会を救うものであるはずです。

小林　私自身も、これだけのことが起きても、絶望していないと表明しておきたいのです。この闘いのために全国各地をまわるたびに、樋口先生が今、おっしゃった「なめんな」という精神を忘れていない人に大勢、出会います。私たちが孤立しているとは思えないのです。

この危機のなかで、主権者国民は多くのことを学び、専門家である我々と手を組み、多くの国民が「主権者」意識に目覚めている。憲法制定権力者は我々国民です。

この闘いに勝ち、この危機が日本の成熟のために必要な試練だったと感じられる日が来ることを確信しています。

樋口　市民に届く言葉をずっと大切にしてきた先生とじっくり議論ができて、今回は本当に良かったと思っています。

小林　光栄でございます。しかし、闘いはこれからが正念場です。

対論を終えて

主権者としての心の独立戦争

小林 節

私は、アメリカで学んで二九歳で帰国し、三〇歳から日本で大学の教壇に立ち憲法学を担当してきた。

アメリカでの研究生活で、私は人格が変わるほどの影響を受けた。第一に、人間は皆、先天的に個性的で、その自分らしさが尊重されているときに幸福を感じるものだと学んだ。だから私は、国家が各人の個人としての尊厳を踏みにじることは許（赦）されないという確信を抱いて生きている。第二に、私は個人の尊厳が保障された社会を維持するために、別格の実力を託された国家権力者たちは常にそれを濫用しないよう手続き・ルールを遵守しなければならないという確信も抱いている。

ハーバード・ロー・スクールの教授たちの生き方に触発されて、私は、現実の社会のなかで発生する憲法問題には常に関心をもち、問われれば常にそのときに自分で最良と考える答えを語ってきた。その延長線上で、自民党が主導する憲法改正論議に参加するようにもなっていた。

ただ、そこは不思議な世界であった。まず、学界で広く憲法学者として知られている者がひとりもおらず、いわば議員と政治学者と評論家だけの世界で、私たち憲法学者が共有している常識の通用しない空間であった。憲法を用いて国民に愛国の義務を課すことなどが堂々と「良きこと」として語られていた。

しかし、私は、楽天的に、語ることの力、討論の生産性を信じて、その議論にくわわり続けていた。

とはいえ、小泉内閣がイラクやインド洋に自衛隊を派遣（つまり参戦）した際には、そのあからさまな憲法違反に耐えかねて、私は公然と政府批判の言論を展開しはじめた。そのころから、自民党系の勉強会にはほとんど招かれないようになった。

きわめつきは、安倍首相が、憲法九十六条（改正手続き条件）を改悪して、「憲法を国民に近づける」と称して、憲法改悪の突破口にしようとしたときに、私はそれを「裏口入学」と呼んで、世論に少なからぬ影響を与えたと言われたことだ。

このときには、それまで二〇年以上も憲法学界では「異端」扱いされながらも憲法をめぐる論壇に参加し続けていて、だからこそ発言権があって良かったと感じた。

そのころに、樋口陽一先生からお声がかかり、ご一緒に活動する機会が与えられるようになった。

樋口先生とご一緒していると、緊張はするが、楽しいことばかりである。先生の学識の深さは言うまでもないことであるが、なによりも、その「立憲主義」に対する情熱に感動させられる。どこにいてなにをしておられても、議論にきちんとした方向性を与えてくださる。こんな「様になる」論客を私は他に知らない。

今、我が国は、文字通り立憲主義の危機に直面している。そして、そのときに、樋口先生が毅然として論壇で語るお姿は、私には我が国のいわば「命綱」のように見える。

この戦いは、私たち日本国民に意識の変革を求めるもので、短期間では決着のつかない、主権者としての心の独立戦争のようなものである。

この先数回の国政選挙が決定的に重要なものになる。そして、最悪の場合には、私たちは憲法改正の是非を問う国民投票に直面することになる。そのためにも、私たちは、今、政権の側から提案されている「憲法改正」が実は「憲法改悪」であるという「真実」を知らなければならない。
私も、樋口先生のように情熱と余裕をもって戦っていきたい。

あらためて「憲法保守」の意味を訴える

樋口陽一

建物はまるきり違っていても土台は同じなのか。ジョン・ロックとトマス・ホッブズの描く国家像は対照的なまでに違うが、諸個人の約束ごととして国家を考える、という決定的な点を共有する。それとは反対に、建物の外観は同じに見えてもまったく質の違う土台の上に建っているのか。ロックにとってホッブズとロバート・フィルマーは両方とも権威的国家の主唱者だが、両者は契約国家観と家父長国家観という本質の点で違っている。――それを見きわめるのが肝要だということは、思想史の読み方について言われるが、およそ世の中万般に当てはまるだろう。

強い個性でデザインされた小林節という建物を、離れた所から見ていたにすぎぬ私だったが、二〇一二年「自由民主党　憲法改正草案」なるものが公表されてからの政治の動きは、私たち二人が土台を共有していることの意味の大切さを私たち自身に教える、なにより の反面教師となった。

その土台とは、立憲主義についての私たちの共通理解に他ならない。

それは第一に、権力は制限されねばならぬという基本枠組みにかかわる。形式こそ専制に枠を課す自由の防壁だという意味での、その形式の大切さである。安倍政権が突き進んできた政治の手法のひとつひとつが、この意味での立憲主義に対するあからさまな挑戦としか言いようのないものだった（立憲主義の意味①）。「立憲主義」という言葉づかいがようやく広がってきたのを奇貨として、「実態に合わせて条文を変えることこそ立憲主義だ」という奇説も現れるようになった。だが、新しい条文にすればそれを基準として歯止めにすることができる、という主観的な願望は、いま政治を動かしている人々に対するものである限り、現実離れしすぎている。憲法だけでなく判例の文言すらも無理やり自分流に読み替える人たちなのだから。

共通の土台の第二は、近代立憲主義がその形式を通して達成しようとしてきた実質内容にかかわる。言うまでもなく人権であり、さかのぼって「個人」を社会の価値の源泉とする考え方である（立憲主義の意味②）。この点でも、都合によっては「欧米と価値を共有」

と口に出す人々が、現実の言動によってそのことを裏切ってきた。なにより、二〇一二年に公にし、次の選挙に向けてそれに対する注目を首相みずから国民にあえて促しはじめている改憲草案が、「すべて国民は、個人として尊重される」という現行十三条の「個人」を消し、「人」に差し替えてしまっているのだから。

共通する土台の上に建っている建物は、私たち二人それぞれのあいだで似ている点も違いもある。この対論で立憲主義の意味①と②を共通に確認することのほうが基調となったのは、土台を押し流そうとする濁流の水位がいよいよ危険値に近づいてきているからなのだ。その意味で、ただ日本国憲法にとってだけでなく、立憲主義という、人類がともかくも手にした共有財の土台を保守することが緊急の課題なのだからだ。

実際、ここ三年半のあいだに四つめの国政選挙（政権の思惑次第によっては同時に五つめとすらなりかねない）となる参議院議員選挙への有権者の対応が問われている。土台の「保守」のための知恵を尽くした対応をしたうえではじめて、建物の仕様や壁の模様替えの是非についての、本当の憲法論議が国民のあいだで現実的なものとなるだろう。

対論のなかでもこの文章でも、「保守」というキーワードに何度か触れた。それはもとより、頑固になにもしないということではない。私が今この言葉に託したいことを言いつづめて表現すれば、次の三つになろう。

第一は、人類社会が普遍的なるものを求める歴史のなかで曲折を経ながらつみ重ねてきた、その知の遺産を前にした謙虚さであり、第二は、国のうち・そとを問わず他者との関係でみずからを律する品性であり、第三は、時間の経過と経験による成熟という価値を知るものの落ち着きである。

今私たちをとりまくのは、そのような「保守」とはあまりに対照的な情景ではないか。もはや東西の文化に学ぶものなし、と言わんばかりの「日本は日本」という内への屈折、国の内外を問わず「あちら側かこちら側か」を決めつけて「決める政治」を求める性急さ、戦後七〇年の自国史を支えてきた基本法を「みっともない憲法」と呼んで国民の矜持《きょうじ》を傷つける政治の最高責任者。——そういうなかで「改憲ぐせをつける」とまで言う政治勢力に基本法を左右させて良いのか。自分自身としてなにができるか。共著者二人のあいだで、そして読者とともに問い続けてゆきたい。

対談構成／水原　央（長尾書房）
川喜田　研

樋口陽一（ひぐち よういち）

一九三四年生まれ。東京大学・東北大学名誉教授。法学博士。パリ大学名誉博士。国際憲法学会名誉会長。日本学士院賞受賞（一九七五年）。レジオンドヌール勲章受勲。主な近著に『近代国民国家の憲法構造』など。

小林 節（こばやし せつ）

一九四九年生まれ。慶應義塾大学名誉教授。弁護士。法学博士。モンゴル・オトゥゴンテンゲル大学名誉博士。元ハーバード大学ケネディ行政大学院フェロー。主な著書に『「憲法」改正と改悪』など。

集英社新書〇八二六A

「憲法《けんぽう》改正《かいせい》」の真実《しんじつ》

二〇一六年三月二二日 第一刷発行
二〇二二年八月 九 日 第八刷発行

著者……樋口陽一《ひぐちよういち》／小林《こばやし》 節《せつ》
発行者……樋口尚也
発行所……株式会社集英社
東京都千代田区一ツ橋二-五-一〇 郵便番号一〇一-八〇五〇
電話 〇三-三二三〇-六三九一（編集部）
〇三-三二三〇-六〇八〇（読者係）
〇三-三二三〇-六三九三（販売部）書店専用

装幀……原 研哉
印刷所……大日本印刷株式会社 凸版印刷株式会社
製本所……加藤製本株式会社

定価はカバーに表示してあります。

ISBN 978-4-08-720826-9 C0232 Printed in Japan

a pilot of wisdom

a pilot of wisdom

よみがえる戦時体制 治安体制の歴史と現在　荻野富士夫
権力と新聞の大問題　望月衣塑子／マーティン・ファクラー
「改憲」の論点　木村草太／青井未帆 ほか
保守と大東亜戦争　中島岳志
富山は日本のスウェーデン　井手英策
スノーデン 監視大国 日本を語る　エドワード・スノーデン／国谷裕子 ほか
「働き方改革」の嘘　久原穏
国権と民権　佐高信／早野透
限界の現代史　内藤正典
除染と国家 21世紀最悪の公共事業　日野行介
安倍政治 100のファクトチェック　南彰／望月衣塑子
「通貨」の正体　浜矩子
隠された奴隷制　植村邦彦
未来への大分岐　マルクス・ガブリエル／マイケル・ハート／ポール・メイソン／斎藤幸平・編
「国連式」世界で戦う仕事術　滝澤三郎
国家と記録 政府はなぜ公文書を隠すのか？　瀬畑源
水道、再び公営化！ 欧州・水の闘いから日本が学ぶこと　岸本聡子

改訂版 著作権とは何か 文化と創造のゆくえ　福井健策
朝鮮半島と日本の未来　姜尚中
人新世の「資本論」　斎藤幸平
国対委員長　辻元清美
アフリカ 人類の未来を握る大陸　別府正一郎
〈全条項分析〉日米地位協定の真実　松竹伸幸
日本再生のための「プランB」　兪炳匡
新世界秩序と日本の未来　内田樹／姜尚中
世界大麻経済戦争　矢部武
中国共産党帝国とウイグル　橋爪大三郎／中田考
安倍晋三と菅直人　尾中香尚里
ジャーナリズムの役割は空気を壊すこと　森達也／望月衣塑子
代表制民主主義はなぜ失敗したのか　藤井達夫
会社ではネガティブな人を活かしなさい　友原章典
自衛隊海外派遣 隠された「戦地」の現実　布施祐仁
北朝鮮 拉致問題 極秘文書から見える真実　有田芳生
アフガニスタンの教訓 挑戦される国際秩序　山本忠通／内藤正典

a pilot of wisdom

都市は文化《アート》でよみがえる　大林剛郎
「言葉」が暴走する時代の処世術　太田光／山極寿一
性風俗シングルマザー　坂爪真吾
美意識の値段　山口桂
ストライキ2.0 ブラック企業と闘う武器　今野晴貴
香港デモ戦記　小川善照
ことばの危機 大学入試改革・教育政策を問う　東京大学文学部広報委員会・編
国家と移民 外国人労働者と日本の未来　鳥井一平
LGBTとハラスメント　神谷悠一／松岡宗嗣
変われ！ 東京 自由で、ゆるくて、閉じない都市　隈研吾／清野由美
東京裏返し 社会学的街歩きガイド　吉見俊哉
人に寄り添う防災　片田敏孝
プロパガンダ戦争 分断される世界とメディア　内藤正典
イミダス 現代の視点2021　イミダス編集部・編
中国法「依法治国」の公法と私法　小口彦太
福島が沈黙した日 原発事故と甲状腺被ばく　榊原崇仁
女性差別はどう作られてきたか　中村敏子

原子力の精神史――〈核〉と日本の現在地　山本昭宏
ヘイトスピーチと対抗報道　角南圭祐
世界の凋落を見つめて クロニクル2011-2020　四方田犬彦
「自由」の危機――息苦しさの正体　藤原辰史／内田樹 ほか
「非モテ」からはじめる男性学　西井開
妊娠・出産をめぐるスピリチュアリティ　橋迫瑞穂
マジョリティ男性にとってまっとうさとは何か　杉田俊介
書物と貨幣の五千年史　永田希
インド残酷物語 世界一たくましい民　池亀彩
シンプル思考　里崎智也
韓国カルチャー 隣人の素顔と現在　伊東順子
「それから」の大阪　スズキナオ
ドンキにはなぜペンギンがいるのか　谷頭和希
何が記者を殺すのか 大阪発ドキュメンタリーの現場から　斉加尚代
フィンランド 幸せのメソッド　堀内都喜子
私たちが声を上げるとき アメリカを変えた10の問い　和泉真澄／坂下史子 ほか
「黒い雨」訴訟　小山美砂

a pilot of wisdom

集英社新書 好評既刊

ヤマザキマリの偏愛ルネサンス美術論
ヤマザキマリ 0815-F
『テルマエ・ロマエ』の作者が、「変人」をキーワードにルネサンスを解読する、ヤマザキ流芸術家列伝！

野生動物カメラマン〈ヴィジュアル版〉
岩合光昭 040-V
数多くの〝奇跡的〟な写真とともに世界的動物写真家が綴る、撮影の舞台裏と野生動物への尽きせぬ想い。

生存教室 ディストピアを生き抜くために
内田 樹／光岡英稔 0816-C
大ヒット漫画『暗殺教室』の主題をめぐり、希代の思想家と武術家が生き残るための「武術的知性」を語る。

医療再生 日本とアメリカの現場から
大木隆生 0817-B
日米両国で外科医療に携わった著者が、「医療崩壊」後の日本医療が抱える問題を示し、再生への道筋を描く。

テロと文学 9・11後のアメリカと世界
上岡伸雄 0818-F
アメリカ国民はテロをどう受け止めたのか。作家たちが描いた9・11以降のアメリカと世界を徹底考察。

ブームをつくる 人がみずから動く仕組み
殿村美樹 0819-B
数々の地方PRを成功に導いたブームの仕掛け人が、具体的かつ実践的な〝人を動かす〟技術を公開する。

国家戦略特区の正体 外資に売られる日本
郭 洋春 0820-A
日本のGDPの半分以上を外資に売り渡さんとする、亡国の経済政策「国家戦略特区」。その危険性を暴く！

「間」の悪さは治せる！
小林弘幸 0821-I
「間《ま》」のいい人、悪い人の違いはどこにあるのか？ 第一線の医師が、「間」をよくする具体的方法を明かす。

愛国と信仰の構造 全体主義はよみがえるのか
中島岳志／島薗 進 0822-A
危機の時代、人々はなぜ国家と宗教に傾斜するのか。気鋭の政治学者と宗教学の泰斗が日本の歪みに迫る！

「文系学部廃止」の衝撃
吉見俊哉 0823-E
大学論の第一人者が「文系学部廃止」騒動の真相とともに、「文系知」こそが役立つ論拠を示す画期的論考！